PROFESSEUR

BER

CW01501154

LA REVANCHE DU SERPENT
OU LA FIN DE L'HOMO SAPIENS

COLLECTION
DOCUMENTS

le
cherche
midi

La revanche du serpent
ou la fin de l'Homo sapiens

DU MÊME AUTEUR
AU CHERCHE MIDI

Avertissement aux malades, aux médecins et aux élus,
en collaboration avec Philippe Even, 2002.
Nous t'avons tant aimé, 2004.
Savoirs et pouvoir, en collaboration
avec Philippe Even, 2005.

CHEZ D'AUTRES ÉDITEURS

La France malade de sa santé, La Table Tonde, 1983.
Le Voleur de vie, la bataille du sida, Éditions de Fallois, 1989.
L'Illusion humanitaire, Plon, 1997.
Le Retour du Mwani, Ramsay, 1998.
La Grande Transgression, Michel Lafon, 2000. Prix Louis
Pauwels.
Le Suicide de la France, en collaboration
avec Jacques Vergès, Olbia, 2002.
De la mauvaise conscience en général et de l'Afrique en particulier,
en collaboration avec Jacques Vergès,
Éditions Jean-Claude Lattès, 2003.
Le Roman de Shanghai, Le Rocher, 2004. Prix Claude
Sainteny de l'Académie des sciences morales
et politiques.

Choisir, aimer, sauver

La vie serait-elle la vie sans ses paradoxes ? Ceux qui nous assaillent en ce début du XXIe siècle sont au moins la preuve que l'humanité, contrairement à ce qu'en pensent les pessimistes, n'est pas en voie d'extinction : jamais, de la naissance jusqu'à la mort, l'homme n'aura été, davantage qu'aujourd'hui, confronté au signe de contradiction ! Une contradiction à l'image du double mouvement caractérisant les progrès de la connaissance, et qui brusquement, fait voler en éclats la plupart de nos certitudes, dans l'ordre de l'infiniment grand comme dans celui de l'infiniment petit...

D'un côté, Hubble, le télescope géant qui, en quinze ans, nous a montré des explosions d'étoiles vieilles de milliards d'années et a découvert plus de dix mille galaxies ; de l'autre, le génie génétique grâce auquel vient d'être achevé, avec l'aide de la bioinformatique, le séquençage complet du génome humain, autrement dit la reconstitution du livre de la vie dans sa dimension la plus intime : voici donc l'espace à l'intérieur duquel (mais à quelle place ?) doit désormais se glisser l'homme pour trouver son identité dans l'univers !

Avant la découverte des gènes, la question ne se posait pas : ne disposant pas du livre de la vie et ignorant même qu'il en existât un, pourquoi aurait-on ressenti le besoin d'apprendre à lire ? Jusqu'en 1865, les théories de l'hérédité se résumaient à des croyances plus ou moins élaborées sur le mélange des caractères. Un peu de ses ancêtres, beaucoup du père, beaucoup de la mère, voici le cocktail improbable dont on admettait l'existence sans en connaître les proportions...

Puis, en travaillant sur le croisement des petits pois, le moine Mendel découvre que l'hérédité est déterminée par une grammaire stricte, fondée sur deux règles : la dominance et la ségrégation. Autrement dit sur l'existence de caractères dominants et de caractères récessifs, conservant leur identité propre... Comme Champollion découvrant que les hiéroglyphes obéissent à un système organisé mais incapable, encore, de les déchiffrer, l'homme comprend soudain que, transcendance divine ou non, son règne obéit à des règles communes à tout être vivant, végétal ou animal...

Et voici qu'avant même d'en saisir la logique, celui-ci bute sur une deuxième évidence : l'existence de fautes d'orthographe qu'on identifiera bientôt comme les anomalies génétiques. En 1910, Morgan découvre l'existence des chromosomes et des gènes comme matériaux de base de l'hérédité. C'est le temps où l'on apprend à faire muter les espèces sous l'effet des radiations (la fameuse mouche drosophile, premier cobaye génétique de l'histoire de l'humanité) mais où l'on ignore encore le mécanisme fondamental de la mutation, bref son code secret.

Ce code, quatre découvertes essentielles vont permettre d'en percer le mystère. La première est celle de l'acide désoxyribonucléique (ADN) par Avery (1940), suivie par celle de sa structure, la fameuse hélice de Crick et Watson (1953) ; puis vient celle de l'acide ribonucléique (ARN) et du mécanisme de transmission de l'information des gènes vers les protéines, due aux trois Prix Nobel français, François Jacob, André Lwolf et Jacques Monod (1965) ; enfin et surtout celle du génome (qui désigne l'ensemble de l'information héréditaire d'un organisme), grâce au séquençage de l'ADN, achevé en 2003.

Et c'est le moment tant attendu : celui où l'homme, connaissant enfin l'orthographe de la vie, va commencer à pouvoir, lentement mais sûrement, en corriger les fautes, comprendre puis prévenir ce qui, jusqu'alors, semblait irréversible ; en un mot comme en cent, entrer en concurrence avec son destin dont nous savons désormais qu'il est, pour une large part, inscrit dans les gènes !

Comment ne pas comprendre, dès lors, l'immense désarroi qui s'empare de nos sociétés, face à cette transgression absolue ? Plus encore que la maîtrise de l'atome qui a offert à l'homme l'occasion d'accélérer comme jamais son développement matériel en même temps que le pouvoir absolu de s'autodétruire, celle, programmée, du génome, débouche paradoxalement sur un nouveau mystère. Qu'allons-nous faire de nous-mêmes ? Comment allons-nous utiliser, en conscience, ce que nous savons ? À quelles fins devons-nous et pouvons-nous enrôler la science qui n'est jamais qu'un moyen ?

Face à cette interrogation aussi vieille que l'humanité mais qui, au vu des outils dont nous disposons, prend l'allure d'un choix ontologique fondamental, deux options intellectuelles se partagent le champ du débat. La première, qui procède d'une rationalité brutale, risque de tourner le dos aux valeurs spirituelles et humanistes les plus fondamentales et séduit certains milieux au nom de l'utilitarisme ; la seconde provoque chez d'autres un raidissement dogmatique nous ramenant aux temps où la science était, par nature, suspecte, porteuse à tout le moins d'interrogations délétères sur l'ordonnancement rassurant de l'ordre divin...

Ce retour en force d'une pseudo-rationalité conquérante, nous l'avons vu s'exercer, et avec quelle violence, quand s'est posée, courant 2004, la douloureuse question d'une éventuelle prise en charge légale de la fin de vie, vaste débat auquel j'ai consacré un autre essai, *Nous t'avons tant aimé.* Parce que certaines maladies, certaines infirmités, voire certaines décadences toutes personnelles dues à l'âge sont insupportables et que certains de ceux qui en sont victimes décident, en toute liberté, de mettre fin à leurs jours ou de demander à leurs proches de les y aider, il faudrait, obligatoi-rement, légiférer sur l'euthanasie. Bref, transformer en norme sociétale ce qui devrait rester, en toutes circonstances, un choix individuel, mûrement réfléchi.

Mais comment empêcher, dans ce cas, l'éter-nel argument économique de structurer le débat ? Comment faire en sorte qu'un statisticien zélé ne pose un jour l'équation suprême : la dernière année

de chaque Français coûtant plus cher à la collectivité que toute sa vie antérieure, pourquoi ne pas
supprimer cette dernière année ?

Un même utilitarisme aux conséquences tra-
giques peut se faire jour dans l'ordre de la médecine
curative, chaque jour plus prédictive : puisque avec
les progrès de la génétique – et nous allons voir
combien ils sont décisifs – il est désormais possible
de prévoir, à partir de quelques gouttes de sang
prélevées sur une future mère dans laquelle
circulent déjà les cellules du fœtus, quelles maladies risquent d'affecter l'enfant, depuis sa naissance jusqu'à l'âge adulte, pourquoi la collectivité
ne déciderait-elle pas qui est digne d'être soigné
et qui ne le serait pas, sur la foi d'une équation
coût/qualité ?

« Bravo, madame, dirait le médecin conseil de
la Sécurité sociale, la pathologie que nous avons
décelée chez l'enfant que vous portez entre dans
la nomenclature de votre caisse primaire. Si vous
souhaitez le soigner, vous serez remboursée ! »
Mais la sanction pourrait être tout autre : « Désolé,
madame, nous avons le regret de vous informer
que votre enfant naîtra victime d'un handicap
dont la prise en charge n'est pas prévue par la loi.
Vous pouvez évidemment le garder, mais ce sera à
votre charge exclusive ! »

Et voici la dérive eugéniste que beaucoup craignent à juste titre : voir la société décider pour l'individu quelle descendance doit être la sienne !

Mais face à cette dérive, plus que jamais possible puisque fondée sur des informations objectives qui, autrefois, étaient hors de portée de l'individu et *a fortiori*, de la société (rappelons que la généralisation de l'amniocentèse ne remonte qu'à la fin des années soixante-dix, et que le diagnostic génotypique prénatal qui permet déjà de prévoir une trentaine de maladies génétiques indétectables par des moyens classiques, n'a pas dix ans !), une autre dérive se profile, tout aussi dangereuse que la première : le refus du savoir, assimilé à une transgression diabolique !

Qu'une mère refuse, par principe, de savoir ce que l'avenir réserve à son enfant, c'est, à coup sûr, son droit le plus strict ; beaucoup de parents, après tout, ne souhaitent pas connaître le sexe de leur futur nouveau-né, révélé par l'échographie du quatrième mois. Mais que la loi interdise à qui le souhaite, de réagir par les thérapies appropriées à telle ou telle pathologie déclarée ou potentielle, est-ce bien conforme à la liberté individuelle ?

Évidemment non, et c'est autour de cette liberté individuelle que doit s'articuler notre réflexion. Liberté de la mère ou des parents d'élever, grâce à la solidarité de toute la société, un enfant jugé incurable ; liberté des mêmes de recourir, en connaissance de cause, à une IVG ou, au contraire, de profiter des formidables avancées de la science pour tenter de « réparer » des anomalies qui, voici peu, n'avaient aucune chance d'être décelées...

Réparer, oui, mais comment ? Depuis quelques années, les moyens ne manquent pas et progressent chaque jour. Déjà, la chirurgie *in utero* obtient des résultats spectaculaires et inenvisageables il y a peu ; mais c'est évidemment du côté du clonage thérapeutique que l'espoir est le plus fort, grâce à la possibilité désormais acquise d'utiliser des cellules souches pour recréer des organes entiers, exempts de toute malformation.

Jusqu'au quatorzième jour de la gestation, nous le savons, les cellules d'un fœtus sont indifférenciées, capables, si on les sépare, de toutes « repartir » pour donner un homme complet. N'est-ce pas d'ailleurs à l'occasion d'une telle séparation, intempestive, certes, mais on ne peut plus naturelle, que se créent les vrais jumeaux qui sont fondamentalement des clones ? Après le quatorzième jour, en effet, chaque cellule va se spécialiser pour donner, les unes le système nerveux, les autres les viscères, d'autres la peau... C'est ce passage mystérieux de la cellule souche vers la cellule spécialisée qui est aujourd'hui l'objet de toutes les recherches. Or lorsque ce mystère sera percé – et j'ose dire qu'il est en passe de l'être, comme nous allons le voir dans les pages qui suivent ! –, une simple cellule souche pourra fabriquer des tissus de toutes sortes, cardiaques, hépatiques ou sanguins.

Cet espoir formidable, a-t-on le droit de l'assassiner en bornant la recherche voire, tout bonnement, en la frappant d'interdit ?

C'est pourtant ce qui se passe en France, où l'expérimentation sur l'embryon est proscrite par les lois de bioéthique, bien que des milliers, des dizaines de milliers même, d'embryons surnuméraires, créés dans le cadre de fécondations *in vitro* et conservés provisoirement dans des congélateurs, soient détruits chaque année dans la plus parfaite indifférence !

Ces embryons, qui ne sont pourtant que des amas de cellules indifférenciées voués à la destruction, imagine-t-on les vies qu'ils auraient pu sauver si la recherche avait pu en disposer plus tôt ? Celle-ci aurait vraisemblablement permis de constituer des banques d'organes de rechange et il n'aurait plus été nécessaire pour l'insuffisant cardiaque ou le déficient rénal d'attendre le décès accidentel d'un donneur ; il lui aurait suffi de s'adresser à une banque d'organes qui aurait recherché parmi son fonds le myocarde ou le rein le plus compatible avec son ADN...

Quelle différence, pourtant, entre cet homme de trente ans en coma dépassé, accidenté de la route et considéré en état de mort clinique, mais dont les organes permettront, en toute légalité, de sauver une ou plusieurs vies, et cet amas cellulaire âgé de six ou dix jours, promis à la destruction faute d'être autorisé à sauver, lui aussi, des vies menacées ? Aucune dans les faits, mais aux yeux de la loi, un mur d'interdits ! Des interdits d'autant plus absurdes que l'avortement est autorisé en France jusqu'à la douzième semaine (et jusqu'à la vingt et unième dans certains pays) !

Seulement voilà ! Dans le cas de l'IVG, la liberté individuelle a su s'imposer, à force de drames humains et de pédagogie ; dans celui de la recherche sur le fœtus, l'horizon intellectuel reste hanté par le souvenir tout frais de l'eugénisme totalitaire et d'une science-fiction qui, depuis plus d'un siècle, cultive l'image du scientifique irresponsable, instrumentalisé par quelque dictature, voire par sa propre volonté de puissance.

C'est Mary Shelley qui, dès 1817, en impose l'archétype avec son *Frankenstein* (dont le sous-titre oublié, on ne peut plus explicite, n'était autre que *Le Prométhée moderne !*), ce médecin dévoyé qui, grâce à des cadavres et à l'utilisation de l'électricité tout juste découverte, parvient ni plus ni moins à reproduire ce que Dieu avait créé à partir d'une poignée de terre : un nouvel Adam !

En 1886, dans cette étonnante préfiguration de la psychanalyse qu'est *Le Cas étrange du docteur Jekyll et Mister Hyde*, Robert Louis Stevenson transforme un jeune chercheur en incarnation du mal, une sombre brute qui, sous l'effet d'un puissant psychotrope modifiant jusqu'à son aspect physique, incarne la face d'ordinaire inhibée de la nature humaine. Et voici H. G. Wells qui, dix ans plus tard, illustre à sa manière la théorie de l'évolution en faisant fabriquer par un savant fou, des chimères mi-hommes mi-bêtes, dans *L'Île du docteur Moreau*. Comme l'écrit l'historien Jacques Goimard, dans la partie de son anthologie de la science-fiction consacrée aux médecins, voici : « Trois maîtres livres, tous anglais, tous produits par le XIXᵉ siècle. Un seul thème, étonnamment concentré : le médecin qui contrôle la vie au point de modifier ou de créer des vivants sans le secours d'une mère, l'homme qui devient dieu par la médecine. Et qui perd la partie dans une catastrophe dernière, où créateur et créature disparaissent dans un même remous [1]. »

---

1. Jacques Goimard, *Histoires de médecins*, Pocket, 1983.

Puis vient le modèle du genre, *Le Meilleur des mondes (Brave New World)*, où Aldous Huxley met en scène la dictature du futur, à base de manipulations *in vitro* des embryons pour produire des humains strictement adaptés à la fonction qu'ils auront à remplir, de fabrication en série de sous-individus, l'utilisation systématique de techniques néo-pavloviennes de suggestion (l'hypnopédie), le conditionnement chimique pour mieux accepter le réel (le soma). Bien d'autres auteurs, à leur tour, décriront ces enfers feutrés modernes où l'endoctrinement de masse, la camisole chimique, la psychochirurgie ou les manipulations génétiques remplacent la traditionnelle dictature musclée.

Il n'est que de lire l'abondante littérature de science-fiction, la pire comme la meilleure, pour comprendre combien cette angoisse est présente dans l'imaginaire collectif. C'est la crainte de voir émerger «l'ordre cannibale»[1] décrit par Jacques Attali dans son essai du même nom : une civilisation, ou plutôt une anti-civilisation qui en viendrait à considérer le corps humain comme une marchandise ordinaire, soumise à la loi capitaliste du marché. «Hier, écrit Joël Houssin

---

1. Jacques Attali, *L'Ordre cannibale*, Grasset, 1979.
2. Joël Houssin, *Les Vautours,* Flammarion, 1986.

dans *Les Vautours*[2], il fallait que le tracé de l'encé-phalogramme reste linéaire au moins 24 heures avant que l'on déclare un patient mort. Aujour-d'hui, dès que le tracé est plat, on commence à prélever les organes. Demain... » Eh bien demain, on crée le « Service des récupérateurs », un SAMU de cauchemar qui prélève directement sur le lieu de l'accident l'organe convoité, après avoir « aidé », si nécessaire, le donneur à mourir !

Autre solution, imaginée par Michael Coney dans *Les Crocs et les Griffes*[1] : voter une loi qui permettrait aux prisonniers de droit commun de gager leur corps contre une remise de peine... Dans *Naissez, nous ferons le reste* (1979), Patrice Duvic[2] décrit, lui, une société gouvernée par des trusts pharmaceutiques ayant imposé la standardisation du corps humain : bébés-éprouvette et organes de rechange y sont livrés avec une garantie de cinq ans pièces et main-d'œuvre. Seul ennui : comme les automobiles bon marché prévues pour fonc-tionner sans problème majeur pendant 100 000 km, ces organes sont programmés pour se détraquer après la garantie. C'est la « loi de l'obsolescence calculée » !

---

1. Michael Coney, *Les Crocs et les Griffes,* Casterman, 1980.
2. Patrice Duvic, *Naissez, nous ferons le reste,* Pocket, 1979.

Et que dire des fantasmes engendrés par le clonage reproductif ! Fin 2000, Arnold Schwarzenegger, devenu depuis gouverneur de Californie, vient présenter à Paris son film *À l'aube du sixième jour*, retraçant les aventures d'Adam Gibson, un pilote d'hélicoptère qui, rentrant chez lui à la suite d'un grave accident, découvre son propre clone en train de fêter son anniversaire en compagnie de sa femme... Et quelle n'est pas ma surprise quand j'apprends qu'à cette occasion, « Schwarzy » qui avait entendu parler de mon livre *La Grande Transgression*[1], où j'évoquais les progrès inéluctables du clonage, demande à me rencontrer ! C'est ce que je fis, non sans découvrir que l'ancien Terminator, incontestablement marqué par le tournage de ce qui sera son avant-dernier film, était non seulement cultivé, mais pétri d'intérêt pour les questions éthiques... La brebis Dolly était alors dans toutes les têtes, mais nul n'imaginait encore qu'aux États-Unis naîtraient des dizaines d'entreprises de clonage proposant aux particuliers de répliquer, moyennant 50 000 dollars, son chat ou son chien préférés, et encore moins qu'une secte

---

1. Bernard Debré, *La Grande Transgression,* Michel Lafon, 2000.

revendiquerait bientôt la création du premier clone humain...

Eugénisme, clonage, réification de l'individu : comment empêcher la société de prendre peur, parfois à juste titre, devant de tels mots, qui recouvrent pourtant tellement de réalités différentes ?

Comme pour l'euthanasie, acte acceptable pour certains s'il demeure du strict ressort individuel, mais d'essence authentiquement totalitaire si une loi vient à en formaliser les critères, nous devons plus que jamais nous méfier des mots.

Une fois encore, je pense à mon maître et ami Yvon Belaval qui écrivait dans ses *Digressions sur la rhétorique* qu'au soir de sa vie, il m'avait dédicacées : « Les mots lâchés en liberté prennent parfois de multiples sens et celui qui s'en sert peut voir sa pensée trahie, déformée ou simplement incomprise ; à l'inverse, vouloir sortir d'un mot son seul sens est déjà le début d'une trahison, celle de vouloir, par excès de didactisme, imposer à ceux qui vous lisent ou vous écoutent, sa pensée, son choix, son raisonnement. On dit souvent que la valeur d'un terme réside dans son incertitude et l'on peut affirmer sans paradoxe qu'un mot est d'autant plus riche de sens qu'il prête à plus de contresens. »

Un mot a d'autant plus de sens qu'il prête à contresens ! Cette ambiguïté foncière, déjà contenue dans le mot « euthanasie », comment ne la retrouverait-on pas au centuple dans celui d'« eugénisme » – du grec *eu* (bien) et *gennân* (engendrer) – lourd de tant de sens, et parfois d'infamies ?

Et pourtant... Toutes les réalités que peut recouvrir un mot doivent-elles conduire à en oublier le sens originel au prétexte que certaines dérives engendrées par l'Histoire sont inacceptables ?

La liberté d'obtenir un enfant « bien né », c'est-à-dire indemne de pathologies lourdes, doit-elle être mise hors la loi, ou drastiquement limitée, même si les moyens sont là qui permettent d'éviter la survenue de drames clairement inscrits dans les gènes ? Améliorer une vie à venir, ou tout simplement lui permettre d'exister, est-ce donc si scandaleux ?

La confusion entre l'eugénisme d'État de triste mémoire, et l'eugénisme personnel, qui procède de la liberté la plus inaliénable, est gravissime. Ce faisant, en effet, on assimile une chose à son contraire : l'eugénisme totalitaire et sa logique d'exclusion (du handicapé, du différent), et l'eugénisme d'évitement, d'essence strictement individuelle, lequel n'est rien d'autre que l'extension en amont de la médecine préventive d'autrefois.

Refuser la fatalité pathologique, celle du microbe ou celle des gènes, n'est-ce pas, après tout, l'essence

de la médecine ? Qui refuserait aujourd'hui un diagnostic prénatal ? Une échographie ? Une amniocentèse ? toutes choses pouvant déboucher sur une
IVG, pratiques courantes depuis trente ans et qui
participent déjà d'une forme d'eugénisme, tout
comme y participe pleinement le tri d'embryons,
nécessaire dans le cadre d'un diagnostic préimplantatoire préalable à une fécondation *in vitro*...

À condition, nous ne le répéterons jamais assez,
que l'appréciation de la normalité reste en toutes
circonstances à l'individu (de même que l'État n'a
pas à se mêler d'interdire ou même de dissuader
la naissance d'un enfant trisomique, au nom de
quoi se mêlerait-il d'interdire à des parents de tout
tenter pour réparer une anomalie génétique identifiée avant la naissance ?), est-il envisageable de
limiter la recherche à certains domaines et de pros-
crire, par principe, certaines interventions sur
le génome ? À l'heure où les sciences de la vie
connaissent leur révolution la plus décisive depuis
la découverte des microbes, pourquoi la médecine
commencerait-elle après la naissance et non avant ?

À lui seul, le mot de « manipulation génétique »
effraie et nous renvoie, au choix, comme je l'ai
dit, à la science-fiction ou au totalitarisme... Il est
temps, pourtant, de regarder les choses en face et
de comprendre que certaines thérapies font déjà

partie de notre vie. L'Amérique, parfois si puritaine, autorise depuis quelques années la naissance de « bébés médicaments » voués à sauver la vie d'un frère ou d'une sœur aînés atteints d'une maladie incurable : conçu en 1999 aux États-Unis pour soigner sa grande sœur, le petit Adam en est-il moins aimé pour cela par ses parents ? Quant à Raj et Shahana Hashmi qui, en avril 2005, ont obtenu de la justice britannique de prélever sur leur futur enfant une poignée de cellules permettant, à coup sûr, de soustraire à la mort leur fils Zain, âgé de six ans et atteint d'une anomalie génétique gravissime, les croit-on animés d'une passion eugéniste digne d'Alexis Carrel ? Et cette mère, dont les deux grands-parents sont tombés victimes d'un Alzheimer à moins de soixante-dix ans, est-elle suspecte de ressusciter *Le Meilleur des mondes* parce qu'elle veut savoir si l'enfant qu'elle porte sera à son tour victime d'une malédiction génétique ?

Assurément non ! Et quand la question est posée en ces termes, chacun comprend que l'eugénisme est tout le contraire d'un cauchemar dès qu'il obéit aux lois de l'amour et de la prévention...

Tel est bien l'unique but de ce petit livre : démontrer que la médecine génétique d'aujourd'hui et de demain n'est pas plus éloignée de l'humanisme traditionnel que la médecine classique issue de Claude Bernard, pour peu qu'elle s'articule autour de trois notions inséparables : aimer l'homme ; respecter son choix ; le sauver encore et toujours. Ni plus ni moins. Mais n'est-ce pas déjà immense ?

I

Demain a commencé...
avant-hier !

L'intuition que le pouvoir de l'homme sur lui-même débute dès la procréation, bien avant qu'il n'ait vu le jour, est au cœur de toutes les religions. Les grandes épopées fondatrices sont-elles d'ailleurs autre chose qu'une mise en scène prémonitoire de l'infinie complexité du vivant ?

Il suffit de s'intéresser à tous les « mythes de création » – des cosmogonies les plus connues (Égypte et Grèce antiques) jusqu'à celles qui ne nous sont parvenues que par bribes (Amérique, Océanie, monde celtique) pour s'apercevoir qu'en matière de transgression, la science n'a rien inventé. Mieux : tout se passe comme si nous n'avions perdu que très récemment – paradoxalement avec l'avènement de la science moderne qui a symétriquement

engendré une crainte diffuse quant aux conséquences pratiques du savoir – notre confiance dans
la capacité de l'homme à maîtriser non seulement
sa reproduction, mais aussi et surtout à l'orienter
dans le sens le plus conforme à sa pérennité et à
celle de l'espèce.

L'*homo scientificus* serait-il donc plus timoré que
ses ancêtres pour accepter ce qu'il sait et qu'il ne
faisait autrefois qu'appréhender par les voies
mystérieuses des textes sacrés et de la poésie ? Le
poids du savoir serait-il plus lourd que le poids
des croyances ?

Inséparables des récits retraçant la création du
monde – de la cosmogonie égyptienne à la Genèse
biblique en passant par la théogonie grecque fixée
par Hésiode –, la conception de l'enfant puis
sa naissance sont, dans toutes les religions, des
moments d'une incroyable puissance émotionnelle
doublée d'une étrange prescience : celle de la découverte fondamentale du XXᵉ siècle de la génétique
moderne, formidable instrument de déchiffrement
du puzzle divin, décomposé naguère en autant
d'épopées mystérieuses qu'il existait de traditions,
et recomposé soudain sous la forme d'un alphabet
permettant de comprendre chaque mot du poème,
qu'il s'agisse du règne humain, animal ou végétal !

Cette prescience, c'est celle qui, dans la plupart
des textes sacrés, assigne à certaines fécondations

mythiques des voies qui n'ont rien à envier à nos modernes « manipulations génétiques » à base de conceptions extra-utérines et de clonage reproductif !

Sans parler du dogme chrétien de l'Immaculée Conception, Bouddha n'a-t-il pas été engendré par une femme que transperça, en rêve, une défense d'éléphant ? Abraham n'est-il pas devenu père à quatre-vingt-dix-neuf ans ? Dix mille ans avant l'invention de l'insémination *post mortem*, la mythologie égyptienne n'admet-elle pas la fécondation d'Isis par un Osiris mort, coupé en quatre morceaux ? Et que dire de la conception d'Aphrodite, née de la mer dans laquelle étaient tombées quelques gouttes du sang d'Ouranos fils de la Terre mutilé par son fils Cronos ? Ou d'Athéna, née toute armée du crâne de Zeus qui, instruit des mésaventures d'Ouranos, voulait échapper au parricide en devenant, à la fois, le père et la mère de son enfant ? Et voici, inscrit dans la plus ancienne mémoire de l'humanité, le rêve de l'autoreproduction....

Dans la mythologie grecque – mais aussi dans la tradition mongole, qui fait de Gengis Khan le descendant d'une biche et d'un loup gris – dieux ou demi-dieux naissent aussi d'accouplements bizarres entre hommes et bêtes (le Minotaure, bien sûr, fils monstrueux de la reine Pasiphaé et d'un taureau, mais aussi Échidna, moitié femme moitié serpent qui, en s'unissant à Typhon, donna naissance à tant d'autres monstres, comme Cerbère, l'hydre de Lerne, ou le lion de Némée). On aurait tort, cependant, d'oublier l'Ancien Testament et spécialement la Genèse, qui fait allusion, juste avant le Déluge, à un monde peuplé de créatures monstrueuses (géants, êtres hybrides de toutes sortes, comme le Léviathan du Livre de Job) suggérant un immense désordre (Tohu Bohu) d'où serait née la colère de Dieu et sa décision de ne préserver, à bord de l'arche de Noé, que les espèces qu'il avait choisies, les autres se trouvant impitoyablement exterminées (Genèse, VI, 7).

Mais pour tous, l'archétype de la chimère reste, bien entendu, la créature du même nom, rendue célèbre par les Grecs et qui désigne aujourd'hui, à la fois les êtres issus de contingences chromosomiques, et ceux que la science contemporaine sait, depuis peu, produire à des fins expérimentales.

Enfants, nous apprenions que Chimère possédait une tête de lion, un ventre de chèvre, une queue de serpent et, en prime, crachait des flammes sur ceux qui, par malheur, croisaient son chemin. Aujourd'hui, nous savons que les Grecs ont moins inventé qu'anticipé. J'ai déjà parlé de ces authentiques chimères créées ces dernières années par la génétique moderne : la chèvre-araignée et la plante donneuse de sang. J'aurais pu aussi citer le singe phosphorescent du professeur Schatten qui, avec son équipe de l'université des sciences de la santé de Portland, a réussi à introduire un gène de méduse dans le patrimoine cellulaire d'un primate. Le gène « marqueur » retenu par Schatten n'est autre que le GFP *(green fluorescent protein)*, lequel permet, chez la méduse, d'exprimer une protéine fluorescente de teinte verte. Tout sujet présumé le contenir, tout animal transgénique placé sous une source lumineuse d'une longueur d'onde déterminée, fait réagir le GFP. Résultat : l'animal transgénique se met aussitôt à « briller ».

Prénommé Andi (acronyme d'ADN inséré), le singe du professeur Schatten ne brille pas – ou pas encore – bien que le GFP introduit à l'origine dans un ovule non fécondé de femelle rhésus, se retrouve chez lui à l'état potentiel. Mais l'un de ses frères, mort-né, présentait à la naissance des ongles et des poils fluorescents !

Ces exemples paroxystiques ne sont pas isolés. En Grande-Bretagne, par exemple, le nombre d'animaux génétiquement modifiés (AGM) employés pour des protocoles scientifiques a augmenté de près de 1 000 % entre 1990 et 2000.

Bien avant Dolly, la brebis clonée qui marqua l'année 1997, est apparue en 1981 la première souris transgénique et, en 1985, le premier porc génétiquement modifié. Deux ans plus tard, verront le jour les premières souris porteuses d'ADN humain, suivies, en 1988, par une chèvre dont le lait contenait une protéine humaine. Cette même année, le premier animal transgénique sera breveté aux États-Unis : une souris, « programmée » pour développer certains cancers.

Depuis 2000, surtout, une nouvelle étape est franchie : des clones de clones commencent à être réalisés ! L'annonce n'en a été faite officiellement qu'au printemps de 2004 par l'équipe américano-japonaise qui a réalisé cet exploit, car celle-ci voulait avoir la confirmation de la viabilité de l'animal. C'est chose faite. Baptisé Kamitakafuku, ce taureau, élaboré à partir d'un bovin déjà cloné, a été expérimentalement doté de télomères neufs (extrémité des chromosomes) de longueur normale. L'indication est capitale car le vieillissement prématuré dont souffrent fréquemment les clones proviendrait notamment de ce que leurs télomères seraient déjà érodés, usés par la vie. Certes, pour obtenir Kamitakafuku, il a fallu aux chercheurs 358 ovules, lesquels n'ont engendré que 19 embryons réimplantables, dont deux seulement sont arrivés au bout de leur gestation, une seule naissance se révélant viable. Il n'en reste pas moins que la réalité dépasse la fiction : non seulement les clones de clones ne sont plus un rêve – ou un cauchemar – mais ils s'avèrent mieux « finis », et pour tout dire plus parfaits que les clones « classiques » ! Les défenseurs des animaux peuvent bien s'en offusquer, mais c'est un fait : l'alliance du clonage et de la transgenèse donne désormais à l'espèce humaine la possibilité de créer des populations entières d'animaux chimériques, spécialisées dans la production de substances d'intérêt thérapeutique, ou dans la fourniture d'organes de rechange par xénogreffe, voire pour la production de viande ou de lait...

En décembre 2003, la revue britannique *New Scientist* révélait par exemple que des fœtus de cochons dans lesquels avaient été injectées des cellules souches humaines avaient donné des porcs en bonne santé dont les cellules se répartissaient en trois types : des cellules de cochons, des cellules humaines, et des cellules contenant un ADN hybride : celui des deux espèces mélangé au niveau le plus intime ! 60 % des cellules non porcines de ces animaux étaient hybrides, les autres purement humaines. Réalisée par l'équipe du professeur Esmail Zanjani, de l'université du Nevada, cette expérience visait à fournir des tissus sains transplantables sans danger. Comme souvent dans ce type d'expérience, une difficulté inattendue a surgi, mais de passionnantes perspectives ont vu le jour.

La difficulté tient au fait que, dans les cellules hybrides, fut découverte la présence du RVEP, un rétrovirus endogène porcin dont il est prouvé qu'il peut infecter des cellules humaines. D'où un danger potentiel très sérieux dans le cadre de xénotransplantations effectuées à partir de tissus hybrides...

Mais voici que, pour la première fois, une piste s'ouvre quant à l'étude des voies possibles d'infection humaine par d'autres virus animaux parvenus à franchir la fameuse « barrière des espèces » : le VIH ou celui de la grippe aviaire qui, depuis quelques années, frappe l'Asie d'effroi.

Les chercheurs de l'institut de transplantation biologique de la Mayo Clinic de Rochester (Minnesota) estiment ainsi possible que le VIH ait réussi à passer des primates aux humains par le sang infecté d'une morsure, certains biologistes israéliens travaillant, eux, sur une hypothèse parallèle : la transmission du virus par le biais de certaines scarifications rituelles mettant en contact du sang infecté de singe et du sang humain. On sait en effet que dans certaines tribus (par exemple les Idjwi, originaires des Grands Lacs), une coutume ancestrale veut que, pour améliorer leurs performances sexuelles, les hommes s'appliquent du sang de gorille ou de chimpanzé...

Désormais établie scientifiquement, cette porosité génique dont les mythes antiques avaient la prescience n'a donc pas attendu les grandes transgressions scientifiques des XXe et XXIe siècles pour hanter les esprits ! Elle a même fourni la matière à une sorte d'eugénisme primitif à base d'interdits que je qualifierai de prophylactiques. Comme si, dans l'inconscient des civilisations les plus reculées, avaient toujours cohabité l'intuition de ce que l'homme maîtriserait un jour – la procréation *post mortem* avec Isis et Osiris, la fécondation artificielle avec Cronos et Aphrodite, le clonage s'agissant de Zeus et d'Athéna, la création de chimères dans le cas du Minotaure – et la conscience diffuse de ce qui devait donc, quoi qu'il advienne, rester interdit : par exemple l'anthropophagie...

Voici l'histoire vraie d'une transgression moderne que j'appellerai la revanche du serpent. C'est l'histoire du prion (abréviation de « protéine infectieuse » en anglais), autrement dit de la « vache folle », que nous racontent à la fois les traditions orales de la Nouvelle-Guinée primitive, l'Ancien

Testament et la chronique médicale la plus contemporaine, avec l'effroyable maladie de Creutzfeld-Jakob (MCJ) et la triste saga de l'hormone de croissance...

Des centaines d'années avant que la médecine n'établisse un rapport de cause à effet entre l'alimentation et les maladies à prion (animales comme l'encéphalopathie spongiforme bovine, ou humaines comme la maladie de Creutzfeld-Jakob), il existait dans une tribu anthropophage de Nouvelle-Guinée, les Foré, une maladie appelée *Kuru*, littéralement, « la mort qui rit ». Ceux qui en étaient atteints développaient des tremblements irrépressibles, et bientôt, une démence caractérisée par des éclats de rire intempestifs, signe avant-coureur d'une disparition progressive du langage, et d'une paralysie entraînant la mort par défaut de déglutition. La consanguinité aidant, cette tribu était, en 1957, menacée de disparition pure et simple, 10 % de la population étant atteinte chaque année. Or les deux tiers des malades adultes étaient des femmes, et 25 % des enfants. C'est un pédiatre américain, Carleton Gajdusek, Prix Nobel en 1976, qui découvrit le pot aux roses en établissant une relation entre la transmission de la maladie et l'ingestion des abats des cadavres. Alors que les hommes consommaient exclusivement le muscle des morts, les femmes ingéraient prioritairement le cerveau et les abats.

Bien que la maladie fût incurable (quatre mois de survie en moyenne pour le Kuru, contre quatorze pour l'ESB, dont les symptômes sont voisins à 90 %), Gajdusek réussit à l'éradiquer presque totalement en obtenant, à partir de 1959, l'arrêt du cannibalisme rituel.

Et voici qu'une trentaine d'années plus tard (en 1996, très exactement), le lien était établi entre l'ESB, connue depuis 1837 chez les bovins britanniques nourris avec des farines animales, la scrapie (ou « tremblante » du mouton, identifiée en Europe depuis 1732) et une variante nouvelle de la maladie de Creutzfeld-Jakob !

Décrite pour la première fois en 1920, cette maladie neurologique fatale se décomposait jusqu'alors en trois formes cliniques, liées à trois origines distinctes : une origine génétique (15 % des cas) liée à la mutation d'une protéine ; une origine médicale (transmission par traitement, ultra-marginale mais fort bien établie, nous y reviendrons) ; enfin, une origine qualifiée de « sporadique » ou d'« aléatoire », euphémismes commodes servant, pour nous autres scientifiques, à désigner ce que nous ne connaissons pas, ou pas encore... Par prudence, il est encore trop tôt pour assimiler totalement cette dernière catégorie avec la variante d'ESB identifiée en 1996, mais tout indique que cela pourrait bientôt être le cas : ce qui signifierait que la plupart des contaminations sont bel et bien d'origine alimentaire !

La chaîne de transmission de l'ESB est connue : l'homophagie généralisée ! Homophage (du grec *homos*, semblable) la vache qui mange de la vache ; homophage – en même temps qu'anthropophage – l'homme qui mange de l'homme ! Et atteint de la maladie de la vache, l'homme qui, sans être anthropophage, mange de la vache qui a mangé de la vache !

Bienheureux ruminants contraints, pour leur malheur, d'ingurgiter les carcasses broyées de leurs congénères transformés en farines, mais aussi de moutons atteints de la « tremblante », les vaches n'ont-elles d'ailleurs mangé que cela ?

Il est probable que nos amis britanniques les ont contraintes, au milieu du XIXe siècle, à devenir épisodiquement... anthropophages !

Ouvrons *Choses vues* de Victor Hugo et lisons cette notation, en date du 5 décembre 1847 : « Les journaux anglais racontent qu'il est arrivé du continent à Hull plusieurs millions de boisseaux d'ossements humains. Ces ossements, mêlés d'ossements de chevaux, ont été ramassés sur les champs de bataille d'Austerlitz, de Leipzig, d'Iéna, de Friedland, d'Eylau, de Waterloo. On les a transportés dans le Yorkshire, où on les a broyés et mis en poudre, et de là envoyés à Duncaster où on les vend comme engrais. Ainsi, dernier résidu des victoires de l'Empereur : engraisser les vaches anglaises. »

Or que représente Duncaster (aujourd'hui Doncaster) dans l'histoire de la maladie de Creutzfeld-Jakob ? Tout un symbole : la première ville d'Angleterre où se soit déclarée cette infection, la seule aussi, où trois cas se soient déclarés dans une même rue !

Au-delà de l'ironie tragique de cette anecdote, que d'implications scientifiques potentielles ! Avant même de se nourrir de farines animales contaminées, les bovins britanniques ont, des années durant, ruminé de l'herbe engraissée à l'homme ! Sans pousser plus loin la démonstration, rappelons seulement que l'encéphalopathie spongiforme bovine apparaît officiellement en Grande-Bretagne dix ans avant l'époque où écrit Hugo, alors que la pratique qu'il décrit commence justement à se généraliser !

Or après avoir démontré comment le prion du mouton peut infecter la vache – et tous les mammifères, sans exception – *via* les farines animales,

les scientifiques envisagent également une troisième voie de contamination : par de simples pâturages infectés par le prion...

Et s'il n'y avait qu'une poignée d'anthropophages de Nouvelle-Guinée et les vaches anglaises pour avoir ingéré, avec les dommages que l'on sait, de l'hypophyse humaine !

À partir de 1973, cette belle découverte que fut l'hormone de croissance, désormais élaborée grâce au génie génétique (donc rendue inoffensive), semble bien avoir condamné à mort plusieurs dizaines de malheureux... Pour soigner et faire grandir les nains, mais aussi des enfants souffrant d'un fort retard de croissance, des laboratoires eurent l'idée de récupérer des hypophyses d'hommes ou de femmes qui venaient de mourir afin d'en extraire l'hormone en question.

Théoriquement purifiée – mais de toute évidence, insuffisamment –, elle était réinjectée par piqûre intramusculaire chez des patients qui, de fait, se remettaient à grandir... Mais dont certains, quelques années plus tard, se mirent à développer la fameuse maladie de Creutzfeld-Jakob, variante occidentale du Kuru. C'est qu'à leur insu, ces jeunes nains étaient devenus des anthropophages ! Certes, ils ne mangeaient pas les hypophyses récoltées, mais les « consommaient » par voie d'injection.

Syndrome de « la mort qui rit », « tremblante » du mouton, maladie de la vache folle, hormones de croissance empoisonnées... mais où diable se cache le serpent dans cette sombre histoire de la transgression ? Mais tout simplement dans les allées pleines de mystères du jardin d'Éden, là où Adam et Ève s'aimaient d'un amour sans tache à l'ombre de l'arbre de la connaissance !

Chacun connaît cet épisode de la Genèse et nul n'ignore que l'arbre en question était un pommier. Mais peu de lecteurs de la Bible savent que l'hypophyse fut longtemps appelée « la petite pomme » par les premiers anatomistes... Celle-là même que le serpent tentateur convainc Ève de croquer et de proposer à Adam !

Comment interpréter ce symbole ? De prime abord comme un interdit jeté sur la connaissance, conçue comme une irruption humaine dans l'ordre divin. Comme souvent, l'obscurantisme religieux et l'athéisme borné se confortent mutuellement en l'espèce, le premier pour contester à l'homme le droit de penser par lui-même, le second, à l'inverse, pour assimiler le respect de la parole divine à une aliénation !

Et si les choses étaient plus simples ? Si, au lieu de prétendre éloigner l'homme de la connaissance, la parabole du serpent entendait seulement le dissuader d'exercer un pouvoir absolu sur lui-même, pouvoir qui, dans toute société primitive, s'exprime d'abord par l'anthropophagie ? Pour convaincre Ève de croquer la pomme, le serpent lui dit : « Connaissant le bien et le mal, vous serez comme des dieux. » Mais la première conséquence pratique de l'ingestion du fruit, ce n'est pas, comme on le dit trop souvent, la perte de l'innocence originelle (celle-ci n'interviendra qu'après la découverte par Adam et Ève, de leur nudité mutuelle), mais la découverte d'une mort certaine, donc de l'impératif de procréation, substitut de l'immortalité originelle !

En un sens, donc, le serpent a menti : en acquérant la connaissance, l'homme perd la vie éternelle, attribut divin à l'égal de la conscience de tout. Mais dans un autre, il a dit vrai : l'homme a désormais la liberté de se détruire ou de se survivre à lui-même, en connaissance de cause. Et dans les deux cas, *via* une transgression : la transgression absolue qu'est l'anthropophagie (à laquelle s'ajouteront les transgressions mais aussi les interdits afférents définis par le Décalogue, à commencer par le meurtre), ou la transgression désormais nécessaire de la transmission de la vie dont il est appelé, désormais, à percer tous les mystères...

Loin d'être un frein à la connaissance, la logique biblique introduit au contraire une éthique de la responsabilité : elle pose que certaines transgressions peuvent entraîner la disparition de l'homme, et d'autres son salut. Quand le monothéisme biblique invente le Déluge pour en finir avec les monstres et autres hybrides descendus tout droit du polythéisme oriental, que fait-il d'autre que de solder d'anciennes croyances réputées dangereuses pour l'équilibre social ? À partir de l'arche de Noé, voici venir le temps des vrais hommes et des vraies bêtes, l'avènement d'une humanité rompant avec l'anarchie biologique qui avait suivi l'épisode du jardin d'Éden...

« L'Éternel vit que la méchanceté des hommes était grande sur la terre et que toutes les pensées de leur cœur se portaient uniquement vers le mal, raconte la Genèse... L'Éternel se repentit d'avoir fait l'homme sur la terre et décida de l'exterminer... Seul Noé qui était un homme juste et sincère, trouva grâce aux yeux de l'Éternel. Dieu lui dit : la fin de toute chair est arrêtée, fais-toi une arche en bois, tu y entreras toi, tes fils, ta femme et les femmes de tes fils, ainsi qu'un couple de chaque espèce d'animaux que tu conserveras en vie avec toi... »

Et voici posée toute la question de l'eugénisme, à l'aune d'une frontière simple, celle séparant le bien commun du mépris de la vie. D'un côté, donc, l'eugénisme qui pourrait être acceptable et dont la médecine constitue le premier chaînon, et de l'autre, l'eugénisme inacceptable que représente, dans les régimes totalitaires, par exemple, l'élimination des éléments présumés « tarés » ou, à l'inverse, la volonté de créer des êtres ancillaires voués au service des races dites supérieures...

Mais voilà en même temps que tout se complique ! Car pour beaucoup de chrétiens, cette frontière s'impose très tôt : dès lors qu'est mis en débat le pouvoir de l'homme sur le fœtus ! On connaît le cri unanime des Églises s'agissant de l'avortement : « Dieu a donné la vie, il n'appartient pas à l'homme de la reprendre. » Avec les progrès conjoints de la médecine prénatale et des thérapies géniques, à base de manipulations embryonnaires, un autre débat commence à s'imposer : nul n'aurait le droit, à en croire certains, de modifier la structure d'un fœtus, et même d'un enfant déjà né, à partir du moment où pour les soigner, est fait appel à un autre fœtus, celui-ci fût-il destiné à ne jamais voir le jour, comme c'est le cas des embryons surnuméraires...

Or là encore, force est de constater que demain a commencé avant-hier ! J'entends que ce qui apparaît aujourd'hui comme un dogme – le caractère sacré de la vie débute à l'instant précis de la conception – a donné lieu, par le passé, à bien des interrogations et, s'agissant de la religion chrétienne, à de formidables incertitudes, rejoignant par beaucoup d'aspects nos interrogations actuelles.

J'irai même plus loin : sur le sujet, l'Église du Moyen Âge apparaît parfois nettement plus ouverte – et disons-le, plus moderne – que certains théologiens de notre XXIe siècle !

De même que les mythes antiques avaient entrevu les formidables potentialités de la science moderne, certaines positions des docteurs de l'Église ont pu, par exemple, anticiper celles de la bioéthique la plus contemporaine.

Ainsi de la date présumée de la formation de l'être humain. Nous savons aujourd'hui que lorsque l'ovule reçoit le spermatozoïde, une cellule se forme qui va se diviser en deux puis en quatre, puis en huit, pour, au quatorzième jour, prendre l'aspect d'une petite mûre, la morula. C'est à partir de cet instant, et non avant, qu'il est vraiment licite d'assimiler le fœtus à un être humain. Et encore, à un être humain en puissance... Jusqu'à cet instant, en effet, si l'on arrache à l'embryon une cellule et qu'on se mette à la cultiver, elle donnera un être complet, ni plus ni moins que l'embryon initial ! D'où ce constat simplissime : chaque cellule possédant une potentialité humaine, l'homme n'existe pas en soi avant le quatorzième jour ! Après, en revanche, tout commence à changer. À partir de la formation de la morula, les cellules perdent leurs potentialités globales pour se spécialiser. Un homme potentiel est en formation. Si l'on arrache la cellule d'un embryon après le quatorzième jour, celui-ci se trouvera, dans tous les cas, amputé, et sans doute incapable de parvenir au terme de son développement.

Puis entre le quatorzième jour et la douzième semaine, certaines pages du grand livre des gènes se ferment, tandis que d'autres s'ouvrent. L'homme se réalise pleinement dans un ordre fantastiquement bien défini. Chaque jour, des cellules se spécialisent pour acquérir une fonctionnalité. Le foie apparaît, le cerveau, le cœur. Imagine-t-on un instant quel travail formidable les gènes sont en train de réaliser ? Des messages partent en tous sens, le corps et l'esprit se mettent en place en puisant leurs informations dans le livre ouvert des gènes. Après cette phase d'embryogenèse, chaque cellule a gagné sa place, il ne lui reste plus qu'à grandir pour naître. C'est la phase de maturation.

Forte de ces observations, la loi a donc établi des règles. En France, par exemple, il est licite de pratiquer des expériences sur le fœtus pendant la période de potentialité humaine, de un à quatorze jours, tandis qu'il est interdit de le faire après le quatorzième jour, au moment où se crée l'homme potentiel. Mais alors, qu'en est-il de l'avortement, autorisé dans certains pays jusqu'à vingt-deux semaines et, chez nous, jusqu'à douze ? Pourquoi, si l'on peut, en toute légalité, supprimer un fœtus, ne pas autoriser les expériences jusqu'à cette date ?

Si nous en savons infiniment plus sur l'ingénierie de la vie que nos ancêtres du Moyen Âge, nous restons bien en deçà de leur réflexion, préférant nous entourer d'interdits plutôt que de tirer les conséquences pratiques de cette connaissance... Nos légistes spécialisés dans la bioéthique laïque apparaissent même parfois moins hardis que la tradition biblique et même que certains Pères de l'Église !

N'en déplaise à certains « traditionalistes » pour qui la tradition semble commencer au XIXe siècle, la Bible ignore, par exemple, la notion d'avortement.

Celle-ci ne prévoit que l'avortement accidentel, dans le cas précis où, deux hommes se querellant, heurtent par mégarde une femme enceinte (Exode, 22, 22). Une simple amende est alors prévue pour indemniser le père, pratique héritée du code d'Hammourabi (2 000 ans avant Jésus-Christ). Mieux, il existe une forme d'avortement volontaire dans l'Ancien Testament : quand un mari jaloux a des soupçons sur la fidélité de sa femme, il peut demander aux sacrificateurs de lui faire boire les « eaux amères » – comprendre : une potion abortive ! Si elle a connu un autre homme avant ou en même temps que son mari, les « eaux amères » feront « dessécher son ventre » ; si son honneur est sans tache, « elle sera quitte et aura des enfants » (Nombres, 5)...

Nulle part, donc, dans les textes sacrés des juifs et des chrétiens, l'avortement n'est assimilé à un meurtre. Il en va de même, on le sait, chez les Grecs anciens, pour lesquels l'humanité n'est entière qu'avec la naissance. Entendons : avec la présentation du nouveau-né à la société. Plus qu'une pratique normale, l'avortement est même recommandé par Platon dans le cadre d'une société victime de surnatalité, son maître Socrate ayant souhaité, quant à lui, le rendre obligatoire pour les femmes âgées de plus de quarante ans !

Au Moyen Âge, les choses sont moins claires, variant au gré des conciles et des exégètes. De fait, la religion catholique va se partager, dix siècles durant, entre trois courants : l'un s'inspirant de saint Basile, évêque de Cappadoce à l'origine du dogme de la Sainte Trinité (IVe siècle), premier à professer que l'âme est unie au corps dès la conception ; un second, se rattachant à saint Augustin, contemporain de Basile mais estimant, à ses antipodes, que l'âme ne s'incorpore qu'avec la première respiration (et pire : que l'enfant mort-né est promis à l'enfer, ce qui motive le refus de l'Église d'enterrer religieusement un fœtus, non baptisé par définition) ; un troisième enfin, qui reste finalement le plus moderne – le plus en phase, en tout cas, avec la science contemporaine – et que nous devons à saint Thomas d'Aquin (1225-1274), l'inventeur de la notion très politique de «Bien commun», pour qui l'âme n'investit le corps qu'à la moitié de la grossesse...

Vous avez bien lu : la moitié de la grossesse ! À dix-huit semaines, donc, ce qui n'est autre que la limite moyenne retenue actuellement pour établir la frontière entre interruption de grossesse licite et avortement illicite ! Soit peu ou prou la frontière que le concile de Vienne (1312) confirmera officiellement avec sa doctrine de la «conception hylomorphique» – littéralement, unissant matière et forme –, fille de la thèse thomiste de «l'animation médiate». Traduction pratique : l'âme n'étant unie au corps que plusieurs semaines après le début de la grossesse, l'avortement ne peut être considéré comme un péché, puisqu'on ne peut tuer ce qui ne possède pas de «conscience individuelle»...

Dans le chapitre de sa *Summa contra Gentiles* qui constitue une véritable ébauche d'une philosophie de l'évolution, saint Thomas d'Aquin enseigne que «l'âme végétative est en puissance à l'âme sensitive.

Et l'âme sensitive à l'âme intellective : comme il apparaît dans la génération humaine, où le fœtus vit d'abord de la vie de la plante, puis de la vie animale, et enfin de la vie de l'homme ». Constamment développée par saint Thomas, cette théorie étonnamment moderne ouvre la voie à une vision dynamique de l'embryon, substance donnant naissance à une autre substance devenant formellement humaine quand elle bénéficiera de la vie intellective. Grâce, notamment, à un cerveau, relié à un système nerveux et sensitif, toutes choses qui manquent à l'embryon des premiers jours, cet amas de cellules que nos théologiens modernes et autres partisans du « statut juridique du fœtus » n'hésitent pourtant pas à assimiler à un « bébé » !

Quelle régression dans ce raccourci ! Dans leur refus du « matérialisme » qu'illustre à leurs yeux la théorie de l'évolution, ils se révèlent, ce faisant, plus matérialistes encore que la théorie qu'ils prétendent combattre : ils tiennent la matière pour constituée une fois pour toutes, alors que saint Thomas, Père de l'Église, démontre au contraire que c'est en évoluant que celle-ci se rapproche de Dieu !

Mais voici la Renaissance et ses papes de tous les excès, plus attirés par l'art, la débauche ou la guerre que par le maintien de l'équilibre thomiste : alors que le concile de Trente (1545-1563) avait confirmé le dogme de « l'animation médiate », Sixte Quint (qui protégea Michel-Ange mais organisait le massacre des protestants) publie, en 1588, la bulle *Effraenantum* qui affirme que tout avortement même non provoqué – c'est-à-dire une fausse couche ! – est un crime méritant l'excommunication (et, pendant qu'on y est, tous les adultères la pendaison !)

Étrange époque, célébrée comme celle des premières « Lumières » mais où les dogmes progressent soudain à rebours de la connaissance, tournant le dos à la sagesse d'un Moyen Âge abusivement présenté comme une époque de ténèbres... À partir de 1588, donc, les partisans de l'animation médiate sont frappés d'anathème. Situation intenable eu égard à l'influence que conserve encore saint Thomas dans les cercles universitaires, y compris parmi les plus modernes qui, en redécouvrant l'enseignement de l'Antiquité, remettent au goût du jour Aristote, inspirateur du même saint Thomas. Dès 1591, Grégoire XIV annule ces dispositions et revient à la thèse thomiste. C'est alors au tour des adversaires de cette théorie d'être hors-la-loi. Et ce, jusqu'en 1869, date à laquelle Pie IX revient, tout de go, à la position du pape Sixte Quint !

Il n'y a dès lors plus de différence entre un avortement au commencement ou à la fin d'une grossesse : l'âme individuelle apparaît au moment même de la pénétration de l'ovule par le spermato-zoïde. Tout avortement est passible d'excommuni-cation automatique ! Toujours en vigueur, cette doctrine a même été renforcée à plusieurs reprises. En 1968 par exemple, quand Paul VI dans sa célèbre encyclique *Humanae vitae* a affirmé que « tout avortement est absolument à exclure, même pour raisons thérapeutiques »...

Résumons. Au Moyen Âge, réputé obscuran-tiste, les théologiens ont, à peu de choses près, la même conception de la vie intra-utérine que les sages de l'Antiquité et que les sociétés laïques modernes qui pratiquent l'avortement ; mais en deux occasions, à la fin de la Renaissance en pleine contre-Réforme et dans la seconde moitié du XIXe siècle après les mouvements révolutionnaires qui ont secoué toute l'Europe en 1848 – deux périodes caractérisées, paradoxalement, par des avancées scientifiques et médicales foudroyantes, d'Ambroise Paré à Claude Bernard, fondateur de la méthode expérimentale – l'Église se raidit et revient à l'une des deux conceptions originelles du christianisme primitif !

Qui croire, dès lors ? Les papes qui se contre-disent comme les saints ? Ou les juristes d'aujour-d'hui qui courent après l'air du temps pour fixer une doctrine aussi mouvante que le savoir ? S'agissant du mystère de la vie, une chose est sûre : contrairement aux grands mythes que nous avons évoqués, porteurs de tant d'intuitions d'avenir, ni les Églises ni les spécialistes laïcs de la bioéthique qui se disputent le contrôle de la société – et par là le droit de régenter la recherche – n'ont encore trouvé le moyen de réconcilier la science et la morale.

C'est que, à force de raisonner dans l'abstrait et de confondre tout avec tout (l'eugénisme totalitaire et l'eugénisme d'évitement, l'avortement de confort et l'avortement thérapeutique, la médecine préventive intra-utérine et l'ambition prométhéenne de créer l'homme parfait) beaucoup n'ont pas compris ou accepté que la science, pour progresser, ne pouvait se passer de transgression, et que c'est cette transgression même qu'il s'agissait de « moraliser » par une éthique forgée à la lumière de l'expérience, donc forcément évolutive.

Le vivant, dont nous découvrons chaque jour les formidables potentialités, nous apprend, à nous autres médecins et chercheurs, ce qu'est l'humilité. Il serait temps que certains censeurs jugeant de ce qui est licite et de ce qui ne l'est pas, soient plus aptes à devenir modestes face aux voies qu'ouvre, chaque jour, l'intelligence de l'homme. L'humanisme, n'est-ce pas, d'abord, avoir confiance dans l'humanité ? Et comment aimer l'homme si l'on refuse par principe d'alléger certaines de ses souffrances au prétexte qu'elles seraient inscrites dans son patrimoine ?

Quiconque refuserait aujourd'hui de faire accoucher une femme sous péridurale parce qu'il est écrit que celle-ci doit « enfanter dans la douleur » passerait à juste titre pour un idéologue irresponsable. De même qu'un médecin qui refuserait de pratiquer une amniocentèse (la ponction du liquide amniotique et l'analyse des cellules du fœtus) de crainte que l'éventuel diagnostic d'une malformation prénatale ne débouche sur un désir d'avortement...

Pourtant, sous le vocable commode de « manipulation génétique », péjoratif s'il en est, certains « philosophes » autoproclamés de l'éthique n'hésitent pas à frapper d'interdit certaines thérapies géniques qui permettraient d'éviter bien des pathologies, nous y reviendrons !

Il est décidément grand temps, en ce début du XXIe siècle, d'admettre ce que les grandes mythologies avaient entrevu : si l'avenir de l'homme est écrit quelque part, c'est bien à l'intérieur de lui-même, autrement dit dans ses gènes. Au nom de quoi les scientifiques devraient-ils s'interdire – tel Galilée hier, forcé d'abjurer sa découverte du mouvement de la Terre – de mettre en pratique ce qu'ils savent uniquement *parce qu'ils le savent* et n'auraient pas dû le découvrir ? Voilà bien le paradoxe des paradoxes : l'ignorance serait une garantie et le savoir un danger !

Croit-on que j'exagère ? C'est pourtant cette étrange logique qui, subrepticement, semble se mettre en place depuis que la science ayant décrypté le génome, on nous avertit de toutes parts qu'il y aurait danger à pousser plus loin nos recherches, donc à expérimenter les thérapies rendues ainsi possibles.

Il ne vient pourtant à l'idée de personne d'accuser de manipulations coupables les agronomes qui, au XVIIIe siècle, jonglaient sans le savoir avec le génome, pour créer des variétés de carottes ou de choux-fleurs résistants au froid ou aux parasites, ni les vétérinaires parvenus à créer des races de chiens plus dociles pour la compagnie, ou plus agressifs pour la garde ; ni ceux qui, pour le bien du consommateur, ont créé des vaches laitières capables de fournir des dizaines de litres de lait par jour ou d'autres, destinées à la boucherie, tellement charnues qu'elles peuvent à peine se déplacer...

Dans les années soixante, un syndicat de pépi-niéristes avait très officiellement proposé au Général de baptiser une nouvelle race de rose, particulièrement belle et résistante, Yvonne de Gaulle. Et le chef de l'État avait dit non à Alain Peyrefitte qui lui transmettait la requête. Par modestie, certes, mais qui sait s'il n'était pas gêné par le pressentiment diffus de ce que les manipula-tions génétiques sur les végétaux pourraient un jour signifier en termes de clonage humain ? La drôle de réponse qu'il fit alors à Peyrefitte n'était pas si superficielle que cela : « Vous voyez le clampin qui entre chez le fleuriste en deman-dant : "Donnez-moi une douzaine d'Yvonne de Gaulle" ? »

Bref, tant que l'homme s'amusait avec le génome sans en connaître les lois ni *a fortiori*, sans l'avoir décrypté, tout allait pour le mieux ! Monsieur Jourdain pouvait jouer au Lego génétique sans être inquiété... Il pouvait sélectionner des plants, faire muter la vigne pour l'empêcher d'être exter-minée par le phylloxera, créer à sa guise de nou-veaux fruits. Qui n'a jamais voulu planter un poirier ni choisi dans un catalogue telle ou telle variété ? De la William à la Passe Crassane, toutes les poires sont parfaitement artificielles, car issues de multiples sélections dues au génie de l'homme. Et qui ne s'est jamais extasié devant des nouvelles variétés de roses qui portent des noms de stars de cinéma ou de grands écrivains ? Voici même qu'apparaissent des roses bleues, du lin rouge...

Seulement voilà : depuis peu, nous savons ! Nous savons que tout ce qui est vivant est construit à partir de quatre bases appareillées deux à deux : adénine, cytosine, guanine et thymine. Des bases répétées de façons différentes des millions de fois pour former tantôt une puce, tantôt un éléphant, tantôt un homme, mais aussi un arbre ou une fleur. La fleur a-t-elle été créée la première, ou est-ce l'arbre ? Qu'importe, après tout, puisque chèvre, homme ou puce, nous sortons tous du même moule : le temps, l'évolution, les mutations nous ont faits ce que nous sommes. La découverte du chromosome nous a mis sur la piste : le séquençage du génome nous le démontre. Celui de la mouche drosophile comme celui du colibacille, celui du singe comme celui de l'homme : bref, nous sommes tous un code barres à quatre éléments. Avec la puissance de calcul des ordinateurs qui peuvent effectuer des milliards d'opérations à la seconde, le stockage de ces codes barres n'est plus qu'un jeu d'enfant. La manipulation du grand Lego va pouvoir commencer !

Et voici les mythes antiques légitimés dans leurs intuitions ! J'ai déjà évoqué le singe phosphorescent et la chèvre-araignée, ces chimères devenues bien réelles, comme pourrait le devenir, demain, une véritable licorne créée de toutes pièces en transférant dans le patrimoine génétique du cheval blanc le gène correspondant à la corne du narval. Je pourrais parler tout aussi bien de ce que la science met au point, non plus seulement pour réparer l'homme, mais pour l'améliorer – pour créer un « homme nouveau », si ce vocable n'avait pas été utilisé par les tyrannies totalitaires du siècle dernier qui ne cherchaient, en fait, qu'à le rendre esclave plutôt qu'à le libérer...

Qu'on le veuille ou non, une parenthèse se ferme inexorablement sous nos yeux : celle qui, jusqu'alors, séparait la légende de la réalité. N'est-il pas temps d'en parler afin d'en tirer un maximum de profit, plutôt que de nous réfugier dans un intégrisme d'interdits voué, quoi qu'il arrive, à voler en éclats ? En parler : c'est bien ce que j'ai décidé de faire ici. Car le monde ne s'arrêtera pas à cause de l'angoisse ou du refus de le regarder en face...

II

Vers un eugénisme de liberté ?

Serons-nous toujours otages des mots ? La nature n'est-elle pas suffisamment complexe ni sa connaissance assez ardue pour que nous persistions à interpréter le présent et imaginer l'avenir, à l'aide de catégories empruntées au passé ?

Avec les progrès fulgurants de la génétique, ce ne sont plus seulement la médecine et la science qui changent de dimension, mais bien l'homme lui-même et, du même mouvement, le vivant tout entier. Les manipulations chromosomiques, les transferts de gènes d'une espèce à une autre, les chimères qui commencent à peupler le monde révèlent que si nous sommes tous différents, nous sommes aussi construits avec les mêmes « briques »

Et pourtant, tout se passe comme si nous refusions, inconsciemment peut-être, de prendre acte de ce changement de dimension. Nous employons les mêmes mots qu'au début du siècle dernier, quand l'homme paraissait encore un empire dans un empire, planté au cœur de l'univers et inamendable par décision des autorités en place.

À peine la science ouvre-t-elle, depuis quelques années, la possibilité naguère insoupçonnée d'intervenir sur le fœtus pour corriger d'éventuelles maladies génétiques, déclarées ou à venir, à peine sommes-nous en mesure, grâce au tri d'embryons, d'*éviter* – et tel est bien le mot qui compte, nous y reviendrons – la naissance d'enfants promis à des pathologies lourdes, voire condamnés à mort, à la seule évocation de ces progrès, susceptibles de sauver des milliers d'êtres, on nous oppose *ex cathedra* la formule qui tue : « Halte à l'eugénisme ! »

Il est donc temps, une fois pour toutes, d'en finir avec cette fausse querelle pour marquer d'emblée et, j'ose dire, solennellement, la frontière entre l'acceptable et l'inacceptable, entre ce que certains ont baptisé l'eugénisme négatif (ou eugénisme de mort) et l'eugénisme positif (ou eugénisme de vie), opposition à laquelle je préférerais celle, plus conforme à la réalité, d'eugénisme totalitaire et d'eugénisme de liberté, tant il est vrai, nous allons le voir, qu'il a pu aussi exister un eugénisme de vie à tendance totalitaire (par exemple, le parti pris traditionnel des Chinois et des Indiens en faveur des enfants mâles) et un eugénisme de mort à vocation démocratique (celui de la Cité grecque antique vanté par Platon qui préconise l'élimination des « bouches inutiles » !)

Définir d'entrée de jeu cet eugénisme totalitaire est d'autant plus utile que cela nous permet d'illustrer, du même mouvement, ce dont nous ne voulons à aucun prix. Un système dans lequel les aspirations individuelles ne compteraient pour rien face à la norme collective, norme imposée aussi bien par une idéologie scientifique dominante que par un État dictatorial, voire par l'évocation mécanique des comptes de la Sécurité sociale...

Eugénisme scientifique, eugénisme dictatorial, eugénisme sociétal : voici bien la triple source du totalitarisme de la naissance que nous avons vu se mettre en place au fil des deux derniers siècles, chacune de ses manifestations n'étant pas, malheureusement, exclusive des deux autres.

L'eugénisme scientifique fut, historiquement, le premier à se développer. Il est le fils naturel du darwinisme qui, partant du constat indubitable, mais tant et encore contesté par les créationnistes « bushiens » du Middle West et du Sud américain, suivant lequel les espèces se transforment par

« sélection naturelle », en conclut qu'il existe des races inférieures et des races supérieures. Darwin lui-même a écrit : « Chez les sauvages *(sic)*, les corps ou les esprits malades sont rapidement éliminés ; en revanche les hommes civilisés construisent des asiles pour les imbéciles, les handicapés et les malades, et nos médecins exercent le meilleur de leurs talents pour sauver la vie de chacun jusqu'au dernier moment, permettant ainsi aux membres faibles de nos sociétés civilisées de se propager. Parmi ceux qui travaillent à la reproduction des animaux domestiques, nul ne doute que cela ne soit hautement préjudiciable à la race humaine. »

Galton, cousin et disciple de Darwin, fut le véritable inventeur de la théorie eugéniste appliquée aux humains : il prolongea celle de la sélection « naturelle », par une doctrine résolument volontariste. Les organisations caritatives, en prenant soin des pauvres et des malades (qualifiés de dégénérés, d'inaptes et d'inférieurs), empêchant, selon lui, la « sélection naturelle » de fonctionner, il exagéra délibérément l'impact de l'hérédité dans la transmission des tares (« l'atavisme »), pour justifier deux objectifs complémentaires : l'un « positif », consistant à favoriser la multiplication des individus réputés supérieurs sans pour autant porter atteinte à la survie et à la condition des « inférieurs » ; l'autre,

« négatif », tendant à entraîner progressivement la disparition de ces derniers. Point question, encore, d'élimination physique, mais seulement d'utilitarisme, en un temps où la science triomphante révolutionne le monde de la technique et où la tentation est grande d'utiliser l'homme comme un matériau animal amendable par des croisements et une sélection « scientifique ». La société doit alors traiter ceux qu'elle considère comme tarés (« dysgéniques »), inférieurs, inadaptés, difformes, comme des membres gangrenés, et les empêcher de voir le jour, par mesure d'hygiène sociale.

Ni plus ni moins que l'enfer sur terre… pavé des meilleures intentions du monde en faveur de ceux qu'on prétend protéger ! Le meilleur exemple de cette perversion de l'esprit scientifique fut, bien entendu, Alexis Carrel, grand médecin s'il en fut, mais victime de l'esprit de système au point de cautionner les pires dérives : l'euthanasie des malades mentaux dangereux, en particulier. Dans *L'Homme, cet inconnu,* l'un des best-sellers de la première moitié du XXe siècle, il n'hésitait pas à écrire : « Un établissement euthanasique, pourvu de gaz appropriés, permettrait de disposer des assassins de façon humaine et économique. Il ne faut pas hésiter à ordonner la société moderne par rapport à l'individu sain. »

Terrible coïncidence : ce livre, traduit dans toutes les langues, y compris en hébreu, est écrit en 1935. Sept ans plus tard, on sait à quoi serviront les gaz ! Contrairement à ce qu'on pourrait penser, et à ce que certains prétendent aujourd'hui, Carrel n'est pourtant pas un précurseur du nazisme ; l'eugénisme d'État n'a pas eu besoin de lui pour prendre corps. Il n'est ni raciste ni antisémite. Il appartient à une catégorie presque plus dangereuse car prospérant sous le couvert d'une rationalité scientifique apolitique par définition, capable de déboucher sur le pire comme sur le meilleur.

Et, s'agissant de Carrel, le meilleur n'est pas mince ! Prix Nobel de médecine en 1912, pionnier, entre autres, de la greffe d'organe, il effectua des travaux sur la culture des tissus et les sutures vasculaires qui permirent, pendant la Première Guerre mondiale, de sauver d'innombrables vies humaines. Il devint en 1927 membre de l'Académie des sciences de Paris, puis l'année suivante membre de l'Académie des sciences de Moscou. En 1930, il inventa le premier cœur artificiel et reçut, en 1931, la médaille Nordhoff-Jung pour ses recherches sur le cancer. Dans le domaine social, il fut à l'origine du certificat prénuptial et de l'actuelle médecine du travail, toutes choses qui lui valurent, en 1992, ce salut posthume de François Mitterrand : « Ce fut l'un des esprits les plus clairvoyants depuis un siècle et demi. » Mort en 1944 sans avoir été le moins du monde inquiété à la Libération – pourquoi, d'ailleurs, l'aurait-il été ? Il n'eut aucun rapport avec les Allemands ! – Carrel eut encore le temps de créer une Fondation pour l'étude des problèmes humains qui donnera naissance, peu après, à l'actuel Institut national de la recherche démographique (l'INED).

La morale de tout cela ? Tout simplement qu'en matière scientifique plus encore que dans toutes les autres, l'oubli du paramètre individuel coulé dans le marbre de la liberté de chacun, peut déboucher sur les pires dérives. « Science sans conscience, disait déjà Rabelais, n'est que ruine de l'âme. » Carrel eut assez de conscience pour ne pas collaborer avec les nazis qu'il détestait par ailleurs ; mais son choix de rentrer à Paris sous l'Occupation (alors qu'il avait vécu presque sans interruption aux États-Unis depuis 1901 !), démontre un aveuglement coupable : ayant écrit ce qu'il avait écrit, accepter simplement de travailler pendant l'occupation allemande, valait soupçon de complicité passive !

Deuxième expression de l'eugénisme totalitaire, l'eugénisme d'État incarné par les nazis ne mériterait guère qu'on s'y arrête s'il n'était cité à tort et à travers comme l'archétype de l'eugénisme. Repoussant s'il en est, l'eugénisme nazi – mais aussi stalinien, qui, ne l'oublions pas, a sévi jusqu'en 1989 dans la Roumanie de Ceaucescu ! – a ceci de commode dans le cadre d'une discussion polémique qu'il est immédiatement disqualifiant. Tel chroniqueur est opposé au principe même du tri d'embryons (par conviction religieuse ou tout simplement parce que cela choque sa sensibilité) et voici les thérapies d'*évitement* les plus prometteuses assimilées à l'eugénisme totalitaire qui prétendait favoriser l'émergence d'un homme sans tares !

C'est qu'à défaut de s'interroger sur le sens des mots, on s'interdit de penser. Comme si le temps s'était figé. Comme si le « défaut » génétique que l'on est désormais en mesure de déceler pour mieux tenter de le corriger, était de même nature que le « défaut » pris dans l'acception la plus vicieuse, celle, par exemple, qui avait cours en Allemagne entre 1933 et 1945.

Qu'était-ce, sous Hitler, qu'un individu « taré » ? Les individus mal formés, certes, pour lesquels l'élimination à la naissance était obligatoire, les aliénés jugés irrécupérables, promis à l'euthanasie, et par-dessus tout, les êtres « racialement impurs », qu'on s'appliquait, avec les méthodes que l'on sait, à éliminer... Chacun connaît en détail l'horreur de l'eugénisme national-socialiste nazi, qui s'exprima principalement par l'antisémitisme, mais aussi contre tous ceux qui n'avaient pas eu l'heur de naître du bon côté de la barrière : Tsiganes, Slaves, et autres ethnies décrétées parasites, qu'on transformait en esclaves quand on ne les exterminait pas...

Mais on aurait tort d'oublier une troisième forme d'eugénisme totalitaire qui, de 1935 à 1975, prospéra dans le cadre de l'Europe démocratique la plus avancée : la Suède social-démocrate !

Adoptée en 1934, la loi suédoise sur la stérilisation s'inspirait des théories post-darwiniennes qui avaient cours à l'époque. « On cherchait non pas, comme les nazis, à purifier la race suédoise, mais à empêcher la dégénérescence de la population », souligne l'historien Mattias Tyden, auteur d'un ouvrage sur l'eugénisme et l'État providence [1]. Point question de race, ici, assurément, mais quelque chose de voisin de l'élevage : pour améliorer la qualité du cheptel humain, empêchons la reproduction de ceux qui sont hors normes. Les handicapés mentaux, mais aussi les déviants,

---

1. Mattias Tyden, *Eugenics and the welfare state : sterilization policy in Denmark, Sweden, Norway, and Finland*, Michigan State University Press Books, 1996.

les atypiques. Autre préoccupation, plus prosaïque mais qui, nous y reviendrons, est à mon sens la plus ignoble : empêcher la naissance d'enfants dont on savait qu'ils devraient être pris en charge par la société. Un texte de 1946 d'Alva Myrdal – Prix Nobel de la paix en 1982 en raison de son action en faveur du désarmement ! – est sur ce point parfaitement explicite : la mise en place d'allocations familiales rendait selon elle indispensable l'augmentation des cas de stérilisation, afin d'éviter que l'aide de l'État n'encourage des naissances contraires à l'intérêt de la collectivité !

Pendant trente ans, l'argument social fut ainsi déterminant dans la vague de stérilisations forcées pratiquées en Suède : les premiers concernés étaient les marginaux de tous ordres, les délinquants, voire simplement des mères célibataires ou, à l'inverse, ayant eu trop d'enfants ! Jusque dans les années cinquante, les intéressées n'avaient, le plus souvent, pas leur mot à dire, même si l'on s'arrangeait en général pour leur faire signer une autorisation en bonne et due forme. Puis, dans les années soixante et soixante-dix, la stérilisation ne fut plus qu'encouragée, réservée en priorité aux femmes qui avaient fait une demande d'avortement. Pour obtenir une réponse favorable, il fallait qu'elles acceptent ensuite d'être stérilisées...

Comment ne pas rejeter cette triple acception de l'eugénisme : l'eugénisme scientiste de la fin du XIXᵉ siècle et de la première moitié du XXᵉ, l'eugénisme d'État qui l'a détrôné pour mieux le systématiser en l'enrôlant au service de doctrines folles, et l'eugénisme sociétal, d'autant plus dangereux qu'il se pare d'arguments de bon sens pour convaincre les esprits, et plonge parfois ses racines dans les traditions les plus anciennes ?

Premier à formaliser cet eugénisme sociétal, Platon écrivait au Vᵉ siècle avant Jésus-Christ : « ... Former des unions au hasard serait une impiété dans une cité heureuse... Nous ferons des mariages aussi sains qu'il sera en notre pouvoir ; or les plus sains seront aussi les plus avantageux » (*La République*, V, 459). Qu'entend Platon par des mariages « sains » ? Des unions exemptes de tares et donnant naissance à des enfants aptes à rendre les meilleurs services à la société, qu'il s'agisse de guerriers, d'intellectuels ou de magistrats. Et de décrire cette régulation eugénique de la Cité : « Il faut, selon nos principes, rendre les rapports très fréquents entre les hommes et les femmes d'élite, et très rares, au contraire, entre les sujets inférieurs de l'un et l'autre sexe. »

Avant même d'en arriver à des phases plus radicales – l'infanticide des sujets les moins valeureux, en particulier – l'eugénisme platonicien repose donc sur le principe que l'excellence *(areté)* d'un individu se transmet à ses descendants suivant une logique héréditaire directe. C'est donc dans une perspective clairement aristocratique que cette génétique de l'héritage et de la transmission fonde le système démocratique idéal : il ne peut y avoir d'égalité politique qu'entre les « meilleurs ».

Pour Platon, donc, toute union amoureuse doit être soumise à l'approbation de l'autorité politique et religieuse – faute de quoi cette union n'aura pas plus de légitimité que son « fruit » potentiel. Autrement dit, la reproduction, et par conséquent, le choix du conjoint, sont des sujets bien trop importants pour être laissés à la libre appréciation des individus... Ils sont ni plus ni moins, des affaires d'État ! À l'État, par conséquent, d'assurer sa propre pérennité en transformant la sexualité humaine et la procréation en véritables services publics. Ainsi, devrait être puni « celui qui, encore dans l'âge de la génération, toucherait à une femme, en cet âge également, sans que le magistrat les ait unis. Nous déclarons qu'un tel homme introduit dans la cité un bâtard dont la naissance n'a été ni autorisée, ni sanctifiée » (*La République*, V, 461).

Dans d'autres textes, Platon va encore plus loin : il assimile le législateur eugéniste à un médecin, et son action à une thérapie ! (*Les Lois*, IV, 719.)

La tradition orientale n'est pas en reste : dans l'Inde ancienne, comme dans la Chine antique, l'eugénisme sociétal était la norme, et la liberté de procréer l'exception. La priorité des priorités, on le sait, était de donner naissance à des fils (réputés plus aptes à travailler pour nourrir la communauté et à combattre pour la défendre), mais aussi, on l'oublie trop, d'engendrer des enfants exempts de tares !

Loin d'être atténuées par le miracle économique et le surdéveloppement que connaissent ces pays, ces traditions millénaires connaissent au contraire une nouvelle vigueur : quand la croissance économique va de pair avec la croissance démographique, on badine moins que jamais avec l'amour ! Chaque homme doit être mis au service de la production, et de la production seulement... De ce point de vue, la politique de l'enfant unique, décrétée depuis longtemps par Pékin, semble une mesure presque anodine en comparaison de l'arsenal eugénique qui s'est mis (ou remis) en place depuis quelques années.

En Inde, celui-ci a tous les dehors de la barbarie : les statistiques les plus récentes (dont celles établies par le docteur Amod Kumar, qui a étudié pendant cinq ans les courbes de mortalité infantile du Saint Stephen's Hospital de New Delhi dont il avait la charge) concluent en effet que la mortalité infantile est 1,5 fois plus élevée chez les filles que chez les garçons. En cause « l'eugénisme spontané » qui, dans la plupart des familles pauvres, aboutit à concentrer les soins sur ces derniers, au détriment des filles, victimes prioritaires de la malnutrition ou, plus simplement, de l'absence de soins...

Plus significatif encore : lors d'une étude menée dans l'État de Maharashtra, l'Unicef a découvert que sur 8 000 avortements pratiqués à la suite d'une amniocentèse déterminant le sexe du bébé, un seul ne concernait pas une petite fille ! Éliminer 100 % des filles au profit des garçons, voici, incontestablement, de l'eugénisme bien ordonné...

La Chine, pour sa part, est moins hypocrite : elle dispose, depuis 1995, d'une loi *ad hoc* pour empêcher la naissance d'individus coûteux pour la collectivité. Selon ce texte, appliqué massivement, le médecin doit s'assurer que les couples porteurs de maladies génétiques graves, mentales ou infectieuses, acceptent de recourir à une contraception de longue durée ou d'être stérilisés. Or sous l'effet d'une étonnante permanence culturelle et historique, ces dispositions s'appliquent en priorité aux paysans et aux « minorités ethniques », dont les généticiens chinois prétendent que le taux de handicapés physiques et mentaux est plus élevé chez les paysans que chez les citadins. Cherchez l'erreur : les paysans dont la Chine littorale, en plein décollage économique, n'a que faire, et les « minorités ethniques » qui ont toujours cultivé leurs différences avec la majorité Han, détentrice du pouvoir central, qui les accuse de trop pratiquer l'endogamie...

En attendant, il manque à la Chine quelque 60 millions de femmes et, comme les Romains de Tite-Live organisant l'enlèvement des Sabines pour pouvoir s'assurer une descendance, les jeunes Chinois qui étudient dans des universités étrangères ne cachent pas que s'ils peuvent ramener dans leur pays une femme en sus d'un diplôme, ils n'auront pas perdu leur temps !

On le voit, si l'eugénisme racial a (presque) disparu, l'eugénisme traditionnel et sociétal a encore de beaux jours devant lui. Mais comment comparer l'un et l'autre – que je condamne, est-il besoin de le souligner ! – avec les voies prédictives et curatives ouvertes par la génétique d'aujourd'hui et de demain dont je voudrais parler maintenant ?

Une fois de plus, la sémantique sert de moteur à la pire des manipulations : une réalité est vidée de son sens qu'on remplace par un autre, exactement inverse ! Voici d'un côté, un eugénisme portant à l'élimination de masse pure et simple des « déviants » – euthanasie dès la naissance ou après,

dans le cas de l'eugénisme totalitaire ; « euthanasie »
préventive par stérilisation forcée, dans celui de
l'eugénisme « démocratique » à la suédoise ou « traditionnel » à la chinoise – et, de l'autre, un eugénisme d'évitement, permettant à la famille ou au
couple, avant une fécondation classique ou une
implantation d'embryon, de s'affranchir de conséquences dramatiques, pour eux ou pour l'enfant
qu'ils pourraient mettre au monde.

À la condition expresse que l'État respecte
intégralement le choix de la femme ou du couple
– garder ou ne pas garder l'embryon – et s'engage
à prendre en charge tout enfant malformé que les
parents auraient souhaité voir venir au monde,
en connaissance de cause ou non, cet eugénisme
de liberté n'est pas seulement le plus sûr moyen
d'affranchir la naissance du danger totalitaire (voilà
comment doit être votre enfant ; voilà comment
il ne doit pas être), c'est aussi la réponse à l'une
des plus vieilles interrogations de l'humanité,
face à la procréation : à quel être vais-je transmettre la vie ? Qui sera-t-il, au physique comme
au mental ?

Quelle femme ne redoute pas de donner le jour
à un enfant anormal, arriéré mental ? À un petit
garçon ou à une petite fille sans jambes ou sans
bras ? À un enfant né en bonne santé mais qui, à

trois ans, à six, à neuf, développera telle maladie incurable et qui en mourra ?

Depuis que l'homme a pris conscience de sa singularité, il n'a rien négligé pour savoir de quel bois sera constituée sa descendance : astrologie, magie, interprétation du moindre signe, la liste est longue des moyens utilisés par les civilisations traditionnelles pour percer le mystère qui entoure l'être à venir. Aujourd'hui encore, quelle femme enceinte n'est pas influencée par tel rêve ou tel cauchemar (et Dieu sait si les périodes de grossesse sont propices à l'activité onirique !) pour se représenter l'enfant qu'elle porte en elle ?

À l'époque de l'échographie, il n'est pas rare d'entendre encore de bonnes âmes énoncer doctement leur diagnostic à la vue d'une future maman : « Le ventre est en pointe, ce sera un garçon ! » Ou au contraire : « Ce sera une fille si la maman souffre de nausées au début de sa grossesse. » Il y a aussi les inévitables recettes pour obtenir un enfant à la carte. Mangez salé et évitez les laitages, vous aurez un garçon ! Mangez sucré et buvez du lait, ce sera une fille ! Et que dire de cette croyance, encore plus répandue qu'on ne croit dans certaines campagnes : « Le sexe du bébé change à chaque lune, donc son sexe définitif dépendra de la lune sous laquelle on accouchera » !

Certes, nous sourions de tout cela. Mais ne négligeons pas ce que révèle cette frénésie prédictive : l'impérieux besoin de savoir de quoi sera fait notre lendemain génétique.

Dès lors que l'avenir est écrit dans les gènes, avons-nous le droit de faire comme si nous ne le savions pas ? L'Histoire démontre que le savoir, jamais, ne s'est effacé bien longtemps devant le pouvoir. Puisqu'on ne peut arrêter le savoir, tout l'enjeu est par conséquent de civiliser le pouvoir en le mettant au service de la liberté individuelle et de la vie.

Face à l'eugénisme totalitaire multiforme que je viens d'évoquer, la vraie question est donc la suivante : existe-t-il un eugénisme de liberté ?

D'une certaine manière, ses fondements existent déjà avec la loi Veil de 1974 sur l'interruption volontaire de grossesse. Cette liberté, désormais fondamentale, est fondée, on le sait, sur deux objectifs : éviter les avortements d'arrière-boutique avec leurs faiseuses d'anges et leurs affreux cortèges de morts et de mutilations ; et compléter la liberté de procréation offerte à la femme et au couple par la contraception légale.

Conjuguée aux progrès fulgurants réalisés dans la connaissance du génome, cette liberté n'est pas anodine : elle permet à l'eugénisme de se civiliser en s'ancrant définitivement dans l'individu. Et, j'ose le dire, dans la solidarité.

Comment, en effet, renoncer à exploiter ce que nous savons – et ce que nous saurons de plus en plus clairement – de la genèse de certaines maladies pour éviter à ceux qui risquent de les développer d'en être atteints ?

Depuis la découverte du chromosome supplémentaire de la trisomie 21 par le professeur Jérôme Lejeune, en 1959, la connaissance du génome, en pleine expansion, nous abreuve d'informations sur l'origine génétique de milliers de maladies (certes, toutes les maladies génétiques ne sont pas héréditaires, beaucoup sont acquises, mais toutes les maladies héréditaires sont d'origine génétique, ce qui devrait inciter, au minimum, à la vigilance !).

Du mongolisme (ou syndrome de Down) à la mucoviscidose en passant par la chorée de Huntington (ou danse de Saint-Guy) et la myopathie, sans oublier l'hémophilie et le diabète sucré, la liste des maladies génétiques commence à devenir impressionnante. Elles se répartissent en plusieurs catégories : les anomalies liées au nombre de chromosomes (c'est le cas du mongolisme, dans lequel le chromosome 21 existe en trois exemplaires au lieu de deux) ; les anomalies liées à la forme ou à la taille du chromosome, comme la maladie dite du « X fragile », qui touche environ un garçon sur 1 500 et une fille sur 2 500, ce qui en fait la deuxième cause spécifique de retard mental après la trisomie 21 ; et enfin les maladies internes au chromosome, sous l'effet d'une mutation des gènes qui le constituent...

Bien souvent, les maladies liées au nombre ou à la forme du chromosome rendent stérile, tandis que celles liées à des mutations internes au chromosome se transmettent pour la plupart.

Pas un jour ne se passe en tout cas sans que, des quatre coins du monde, chercheurs et revues spécialisées ne nous livrent un lot de découvertes essentielles sur les liens de cause à effet entre la mutation de tel ou tel gène – par exemple un gène anti-tumoral qui, en s'inactivant, déclenche l'activité tumorale – et le développement d'une pathologie cancéreuse, héréditaire ou non.

S'agissant du rôle clé de l'hérédité dans le développement de certains cancers (oncogénétique), la voie a été ouverte dès le XIXᵉ siècle par l'intuition du grand neurologue Paul Broca, aïeul de mon oncle, Philippe Monod-Broca, qui en fit le constat en étudiant la récurrence du cancer du sein dans certaines familles, observation que corrobora, bien plus tard, la découverte des gènes BRCA 1 et 2 (pour *Breast Cancer*), dont la mutation

prédispose aux tumeurs mammaires et ova-
riennes. À telle enseigne que certains médecins
préconisent l'ablation des seins et des ovaires chez
les femmes de trente à trente-cinq ans dont ces
gènes sont mutés !

Parmi les syndromes héréditaires bien connus
aujourd'hui, citons également certains cancers
de la thyroïde dans lesquels est impliqué le gène
RET, dont la mutation peut provoquer également
l'apparition de maladies rares, comme la maladie de
Hirschsprung (malformation congénitale du côlon)
ou certaines formes de cancers côlorectaux...

Certes, actuellement, moins de 1 % des cancers
sont clairement identifiés comme étant d'origine
strictement héréditaire, même si pour 5 à 10 %
d'entre eux, il existe des associations familiales
faisant soupçonner un rôle chromosomique important. Si important d'ailleurs que des études améri-
caines et suédoises récentes vont jusqu'à prétendre
qu'un tiers des cancers seraient majoritairement
d'origine héréditaire !

C'est ainsi que, pour déterminer de quel côté
penche la balance (facteurs héréditaires ou, au
contraire, environnementaux, voire indéterminés),
le professeur Paul Lichtenstein, du département
de biostatistiques de l'Institut Karolinska de
Stockholm, a eu l'idée d'utiliser des jumeaux chez

lesquels a été comparée la fréquence de certains cancers. Le raisonnement est simple : si la plupart des jumeaux se révèlent tous deux atteints d'un même cancer, l'option héréditaire l'emporte. Si au contraire on retrouve une majorité de paires de jumeaux n'ayant développé qu'un seul cancer, l'influence environnementale s'impose.

Sur 44 788 jumeaux observés, il ressort de l'étude que, globalement, un cancer sur quatre possèderait une composante héréditaire certaine, les trois autres étant la conséquence, par exemple, de nos modes de vie (pollution, sédentarité, etc.). Sans pour autant éliminer l'hypothèse selon laquelle une malformation génétique serait en quelque sorte rendue opérante par l'environnement...

Pour affiner leurs recherches, Lichtenstein et ses collaborateurs ont examiné en détail la fréquence des types de cancers. Ils ont observé que l'hérédité intervenait à des degrés divers selon la maladie. Le risque avoisinerait ainsi 42 % dans le cas du cancer de la prostate, 35 % dans celui du cancer côlorectal et 27 % pour le cancer du sein.

Quoi qu'il en soit, les formes habituelles non familiales ressemblent tellement aux formes familiales, génétiquement parlant, que le dépistage de ces dernières, et si possible, leur étude *in utero*, constituent une étape précieuse pour la recherche anticancéreuse dans son ensemble.

Mais nous découvrons aujourd'hui que les mutations génétiques ne provoquent pas seulement des malformations physiques, somatiques, des maladies dégénératives (Alzheimer précoce, leucodystrophie) ou des cancers de toutes sortes... On se demande désormais si certains troubles psychiques (comme les crises d'angoisse qui touchent entre 5 et 10 % de la population mondiale et s'expriment par un éventail de manifestations allant du malaise anodin et passager jusqu'aux troubles obsessionnels compulsifs les plus lourds en passant par des phobies sans lien avec un phénomène traumatique) ne seraient pas liés pour partie à une mauvaise régulation de la sérotonine, un neurotransmetteur essentiel qui ne remplirait plus son rôle sous l'effet d'un gène spécifique ayant subi une mutation, le 5 HTT. Un même soupçon prend corps concernant l'autisme, dont on découvre aujourd'hui qu'il pourrait être associé à plusieurs anomalies génétiques concentrées, notamment dans une région particulière du chromosome 15.

En réalité, la génétique contemporaine nous donne à voir plusieurs types de malformations, différentes à la fois par leur mode d'apparition, et dans leur expression.

Leur mode d'apparition est affaire de temps, certaines affections génétiques apparaissant dès la naissance, d'autres dans la petite enfance, d'autres encore, bien plus tard, parfois après trente, voire quarante ans de vie en bonne santé...

Parmi les maladies génétiques apparaissant dès la naissance, citons, outre la trisomie 21, la plupart des malformations physiques (du simple bec-de-lièvre à toutes les variantes de la tératologie – la fameuse maladie de Recklinghausen, de l'infortuné Joseph Merrick, héros bien malgré lui du film *Elephant Man* ! – en passant par les affections les plus diverses de l'appareil locomoteur, mais aussi nombre de surdités ou de cécités liées à des rétinopathies pigmentaires...

Mais beaucoup d'autres maladies, ne l'oublions pas, n'apparaissent que quelques mois ou quelques années après la naissance ! Autrement dit, l'enfant voit le jour avec toutes les apparences de la santé, mais développe plus ou moins vite une maladie grave, éventuellement mortelle : la leucodystrophie par exemple (une affection du système nerveux central qu'on ne peut diagnostiquer qu'à l'âge de la marche), mais aussi la myopathie ou la mucoviscidose, sans parler des maladies dites lysosomales, ainsi nommées parce qu'elles affectent le lysosome, véritable « chef de gare » du catabolisme cellulaire. S'il est déficient, les matières issues du métabolisme (les métabolites) s'accumulent progressivement dans les cellules et par voie de conséquence, dans les tissus de l'enfant malade. Peu à peu, des lésions apparaissent au niveau de ses différents organes (os, cœur, poumons, foie, rate, cerveau) et provoquent des troubles particulièrement graves, souvent irréversibles et mortels.

Le plus souvent, les signes révélateurs de ces maladies sont absents à la naissance et n'apparaissent qu'après une période d'évolution de quelques mois, voire de plusieurs années. Trois mille enfants en sont atteints en France, et 400 nouveaux cas apparaissent en moyenne chaque année.

Et que dire des dérèglements génétiques qui ne produisent leurs effets qu'après des dizaines d'années de vie, comme beaucoup de cancers et, nous l'avons vu, de maladies dégénératives comme l'Alzheimer ?

Pour compliquer le tout, les anomalies génétiques ne se différencient pas seulement dans leur mode d'apparition : elles varient dans leur expression même. À côté des anomalies les plus connues du développement somatique (comme le nanisme), nous découvrons que la mutation d'un gène peut également provoquer des dérèglements psychiques (l'arriération mentale, mais aussi l'autisme, dont on découvre aujourd'hui l'origine génétique), voire des anomalies mixtes (à la fois somatiques, psychiques et biologiques), ou encore fonctionnelles, comme la phénylcénoturie, une maladie due à l'accumulation de phénylalanine dans l'organisme, un composant protéique contenu dans les aliments que nous mangeons chaque jour et qui, non éliminé, empêche le cerveau de se développer normalement.

Détectée *in utero* ou dès la naissance, cette affection est curable par un régime qui doit impérativement débuter avant le troisième mois de vie, et grâce auquel les enfants qui en sont victimes peuvent éviter des troubles neurologiques graves : retard mental, troubles du comportement, psychoses, spasmes, épilepsie, etc. C'est d'ailleurs l'une des premières maladies génétiques qui, découverte systématiquement à la naissance, est traitée et guérie au moyen d'un régime adapté.

Nous voici donc confrontés, en même temps, à une liste impressionnante de maladies génétiques, et à l'espoir croissant de les détecter à temps, soit pour les soigner, soit pour éviter la venue au monde d'un enfant dont la vie risque de ressembler à un calvaire... Comment, dans ces conditions, ne pas se réjouir des moyens que nous offre la science pour prévenir de tels drames, en toute connaissance de cause, autrement dit en toute liberté ?

Qu'on ne se méprenne pas sur ma pensée : j'ai le plus grand respect, et même une réelle admiration pour ces femmes, ces couples qui, ayant mis au monde un enfant malformé, trisomique, arriéré mental, consacrent leur vie et leur énergie à son bonheur. Il est vraisemblable aussi que l'arrivée d'un handicapé dans certaines familles provoque plus d'amour que chez d'autres, à l'égard de cet être fragilisé dès la naissance et qui le restera tant qu'il vivra. Il est vrai que la plupart de ces familles n'ont pas eu le choix. L'auraient-elles eu, j'en suis sûr, que beaucoup auraient accepté la venue au monde de cet enfant, perçu comme un « don de Dieu ».

Mais est-ce une raison pour interdire à d'autres femmes de faire un autre choix ? C'est ce choix justement, qu'il importe, à chaque étape, de respecter, dans le cadre d'un véritable eugénisme de liberté.

La première étape n'est autre que le tri d'embryons, désormais bien maîtrisé dans le cadre de fécondations *in vitro*, et qui permet d'éviter l'implantation d'un fœtus porteur d'anomalies graves (bien que le tri d'embryons soit théoriquement interdit de façon systématique).

J'aimerais développer ici deux exemples de cette pratique qui, à mes yeux, montrent la direction à suivre dans le sens d'un eugénisme humaniste, héritier direct de la médecine préventive d'hier : l'histoire de Valentin et celle d'Adam.

Le premier exemple est celui d'une famille française dont trois enfants sont morts successivement en bas âge d'une même maladie génétique, pour l'instant incurable. Ce couple (qui oserait le lui reprocher ?) a souhaité avoir un enfant normal. La science est donc venue à son aide. Après une fécondation *in vitro* avec les spermatozoïdes du mari et les ovules de la femme, un certain nombre d'embryons ont été obtenus. Ils ont été triés dans un laboratoire : ceux porteurs de la maladie génétique ont été détruits, ceux qui en étaient indemnes ont été réintroduits dans l'utérus maternel. Et Valentin est né. Sain ! N'est-ce pas, aujourd'hui, un petit garçon comme les autres ? En est-il moins aimé pour autant ?

Deuxième exemple, qui nous vient des États-Unis : à la fin des années quatre-vingt-dix, un couple a vu sa fille de huit ans développer une grave leucémie. Comme il n'a pas été possible de lui trouver de moelle osseuse compatible, il a été décidé que ce couple donnerait naissance à un enfant « trié » dont la moelle, à la naissance, serait totalement compatible avec celle de sa sœur. C'est ainsi qu'a vu le jour le petit Adam, le 28 août 2000, à Denver : des cellules immatures furent extraites de son cordon ombilical, à partir desquelles fut élaboré le traitement qui a permis de sauver définitivement sa grande sœur. Aujourd'hui, les deux enfants vont bien. L'« enfant médicament » comme l'enfant guéri, confondus tous deux dans la même affection.

Ces deux aventures, inenvisageables voici encore quelques années, qu'est-ce d'autre, en somme, qu'un eugénisme de liberté tourné exclusivement vers la vie ? Dans le cas de Valentin, un eugénisme d'*évitement* classique – nous savons ce qui peut se passer et sans doute ce qui va se passer : nous allons donc tout faire pour l'empêcher ; dans le second, un eugénisme de *solidarité*, visant à faire naître un enfant destiné, entre autres, à sauver un autre enfant.

Et tout réside dans cet « entre autres » : car le bébé qui aura permis de sauver son frère ou sa sœur aînés, sera non seulement un enfant normal. aimé pour ce qu'il est, mais aussi pour ce qu'il aura donné. Qui sait même si, loin d'être considéré comme un instrument, il n'en sera pas doublement aimé de ses parents ?

Cette solidarité, pourtant, que de difficultés pour la faire entrer dans les mœurs ! Que de combats pour obtenir que la loi la reconnaisse d'utilité publique, au même titre que la transfusion sanguine ou les greffes d'organes ! Jusqu'alors conçus dans une semi-clandestinité, ces « bébés médicaments » – terme tout d'ambiguïté qui suggère une instrumentalisation de la vie, et même, pour certains intégristes religieux, la réduction en escla-vage de l'enfant créé *ad hoc,* qu'on dépècerait à peine né pour en faire une banque d'organes au profit de son aîné ! – ne sont pleinement autorisés que depuis peu de temps. Seuls les États-Unis, la Belgique et l'Espagne autorisaient – ou plutôt tolé-raient cette pratique.

Mais depuis le 28 avril 2005, tout a changé : la Cour suprême britannique a rejeté le recours que lui avait soumis une ligue anti-avortement, scan-dalisée que des couples revendiquent des tris d'embryons pour donner naissance à des enfants susceptibles de fournir des cellules saines à d'autres enfants souffrant de graves maladies et, la plupart du temps, confrontés à un pronostic fatal...

En l'occurrence, pour Raj et Shahina Hashmi, déjà parents de quatre enfants, l'enjeu était de faire naître un nouvel enfant sain afin de prélever sur lui des cellules susceptibles de soigner leur fils de 6 ans, Zain, né avec une maladie géné-tique sanguine gravissime. Après deux grossesses infructueuses, les parents avaient interrompu leurs démarches à la suite d'un jugement interdisant cette pratique, prononcé en première instance, en décembre 2002. En leur donnant finalement raison, les juges de la Cour suprême britannique n'ont pas seulement fait preuve d'humanité : ils ont ouvert la voie à une pratique qui ne peut désormais que se généraliser.

Autorisée sous condition depuis la loi de bioéthique du 8 juillet 2004, la pratique n'attendait, chez nous, que des décrets d'application pour être réellement effective : c'est chose faite aujourd'hui, non sans d'importants garde-fous. Il faut, en effet, que la maladie de l'aîné soit déclarée incurable, et pas seulement incapacitante, mais aussi que le « pronostic vital de cet enfant puisse être amélioré, de façon décisive », par des mesures thérapeutiques « ne portant pas atteinte à l'intégrité du corps de l'enfant » à naître...

Malgré cela, il se trouve pourtant des « moralistes », religieux ou non, pour s'en offusquer, au motif qu'il a fallu, pour les mener à bien, procéder à un tri : choisir l'embryon dépourvu d'anomalie chromosomique aux dépens de ceux porteurs du gène déclencheur de la maladie...

Mais dans le même temps, nul ne s'offusque – et c'est tant mieux ! – de la généralisation de l'amniocentèse, dont la seule légitimité est d'être entrée dans les mœurs, et qui constitue aujourd'hui le moyen le plus répandu d'éviter la naissance d'un enfant malformé.

Or, n'ayons pas peur des mots, qu'est-ce qu'une amniocentèse ? C'est, dans les faits, la capacité donnée à une mère de garder ou de ne pas garder son fœtus, sur la foi d'informations objectives concernant d'éventuelles anomalies relevées dans le liquide amniotique.

L'amniocentèse qui peut être pratiquée à partir de la seizième semaine d'aménorrhée en raison d'une pathologie préexistante, est aujourd'hui proposée aux futures mères de plus de trente-huit ans, en raison des risques inhérents à toutes les grossesses tardives. Elle est remboursée par la Sécurité sociale.

Après culture, l'étude des cellules fœtales permet, d'une part, la recherche d'anomalies chromosomiques (comme la trisomie 21 et d'autres maladies génétiques) grâce à l'établissement de la carte chromosomique du fœtus (caryotype) et, d'autre part, la recherche de certaines affections génétiques grâce à l'étude de l'ADN. L'étude du liquide amniotique, quant à elle, permet de doser plusieurs éléments dont l'existence peut traduire certaines pathologies fœtales, liées au métabolisme ou au système nerveux central.

À un stade plus avancé, par exemple au troisième trimestre, une amniocentèse tardive permet de surveiller l'évolution d'une grossesse à risque (incompatibilité des rhésus des deux parents, etc.), mais aussi de dépister certaines malformations neurologiques ou digestives, voire de rechercher une souffrance fœtale. Seul inconvénient de l'amnio-centèse : le fœtus court un risque infime, mais bien réel, puisque le liquide amniotique est prélevé au moyen d'une fine aiguille qu'il appartient au médecin de manier avec précaution, sous contrôle échographique...

L'amniocentèse est donc un examen qu'il ne viendrait à l'idée de personne de contester, bien qu'il offre aux parents le droit de vie ou de mort sur l'enfant à naître, selon qu'il sera ou non dans la norme... Depuis sa mise au point, en 1972 – soit trois ans avant l'adoption de la loi sur l'interrup-tion volontaire de grossesse – il est donc générale-ment admis que la future mère dispose de deux droits inaliénables : celui de savoir et celui de décider. Savoir si elle mettra au monde un enfant sain ; et décider si elle souhaite ou non prendre la responsabilité de lui donner le jour.

Mais voici qu'un autre type d'examen, d'une simplicité biblique, se développe sous nos yeux, qui permet de connaître le génome du fœtus. En préle-vant simplement un peu de sang de la mère, nous sommes désormais en mesure d'arriver au même résultat qu'avec l'amniocentèse (et, cette fois, sans le moindre risque pour le fœtus), car dans ce sang, circulent déjà des cellules appartenant au fœtus !

J'ajoute au passage que cette présence de certaines cellules fœtales dans le sang périphérique de la mère pose un problème scientifique à la fois nouveau et passionnant, qui fait voler en éclats une certitude jusqu'alors bien établie : l'existence de deux sphères sanguines distinctes – celle de la mère et celle du bébé, communiquant seulement grâce à l'interface du placenta. Non encore expliqué, le fait est là : les cellules de l'enfant n'induisent pas, chez la femme enceinte, une réaction de rejet, *via* la création automatique d'anticorps ! Plus que jamais, donc, les scientifiques doivent rester modestes et se contenter d'admettre à défaut de théoriser. Bref, il devient désormais possible, à partir d'une simple prise de sang – à l'occasion d'une numération globulaire presque de routine – de déterminer le génome du fœtus...

Grâce à cette procédure qui deviendra simplissime et qui pourrait bientôt se substituer à l'amniocentèse, trois informations essentielles peuvent donc être données aux parents.

Primo, l'enfant va-t-il naître normal ou pas (trisomie 21, anencéphalie) ? *Secundo*, s'il naît sain, court-il le risque de développer rapidement une maladie grave (leucodystrophie, myopathie, mucoviscidose) ? *Tertio*, l'enfant qui va naître court-il le risque de développer, à l'âge adulte, une maladie inscrite dans ses gènes, un cancer par exemple, ou une maladie d'Alzheimer précoce ?

Plus encore que la réponse à la deuxième question (elle-même inenvisageable voici encore dix ans), celle qu'il devient possible de donner à la troisième constitue, à proprement parler, une révolution. Car ce n'est plus seulement la médecine prénatale, voire néonatale qui s'en trouve bouleversée, mais la médecine tout court, qui, un jour peut-être, grâce aux progrès de la génétique, pourrait devenir autant prédictive que curative, ce qui ne va pas sans poser un problème éthique majeur : si l'on sait, peut-on s'abstenir d'agir ? Et si l'on choisit d'agir, jusqu'où peut-on aller pour préserver la liberté de choix des parents ?

Déjà, grâce au diagnostic prénatal génotypique (par l'analyse de l'ADN), une trentaine de maladies génétiques indétectables par des moyens classiques peuvent être diagnostiquées avant la naissance. Parmi elles, la mucoviscidose, la myopathie de Duchenne, la drépanocytose ou l'hémophilie A.

Certes, sur la somme de ces affections décelables par diagnostic génotypique, peu sont encore aussi « réparables » que la drépanocytose... Mais que d'espoirs contenus dans le seul fait de pouvoir déjà comprendre la logique de ces dérèglements aux noms compliqués dont la liste s'allonge chaque jour, à mesure que nous apprenons la grammaire du génome !

À côté de l'amniocentèse, l'échographie tri-dimensionnelle permet, en outre, de déceler, à des stades très précoces, des anomalies de développement ou des malformations organiques réparables.

En même temps, s'ouvre sous nos yeux une troisième voie pour agir dans le sens d'une liberté accrue : celle de la réparation du fœtus et de l'enfant né porteur d'une grave anomalie génétique ou somatique.

Déjà, la chirurgie *in utero* se développe avec succès dans le cas de certaines affections, cardiaques et rénales en particulier, mais aussi en cas de spina-bifida, cette malformation congénitale caractérisée par une ouverture dorsale des vertèbres, associée parfois à une atteinte des méninges et de la moelle, dont les conséquences peuvent aller jusqu'à une paralysie plus ou moins importante des membres inférieurs, voire une hydrocéphalie...

Mais tout indique que nous pourrons, un jour, connaissant l'anomalie chromosomique en cause, traiter l'affection à tous les stades : soit avant l'implantation du fœtus dans le cadre d'une fécondation *in vitro*, et dans l'hypothèse où tous les embryons seraient atteints de la même anomalie ;

soit pendant la grossesse (si le diagnostic n'est pas fait avant) ; soit après la grossesse, dans le cas d'anomalies retardées, comme la mucoviscidose.

Déjà, la prouesse des professeurs Fischer et Cavazzana-Calvo, réussissant, grâce à la première thérapie génique couronnée de succès, à rendre à la vie normale plusieurs « enfants bulles » jusqu'alors confinés en milieu stérile et promis à une mort certaine vers l'âge de sept ou huit ans, a ouvert, en 2000, de formidables perspectives. Même si les essais ont été plusieurs fois interrompus à la suite de complications observées sur trois des petits patients, la méthode ne cesse de progresser : les Britanniques ont annoncé, fin 2004, plusieurs guérisons analogues, sans effet secondaires et sans adjonction de traitements médicamenteux.

Comment Fischer et ses émules sont-ils parvenus à leurs fins ? Par l'introduction d'un gène modifié, destiné à remplacer le gène défectueux. En l'occurrence le gène muté qui provoquait, chez les jeunes malades, le « déficit immunitaire combiné » dont ils étaient atteints.

Mais déjà, les progrès de la protéinothérapie permettent d'envisager prochainement une autre procédure, prénatale celle-là : injecter dans le fœtus, à la suite d'un diagnostic *in utero*, la protéine qui aurait dû être secrétée par le gène manquant ou muté !

J'entends déjà les défenseurs de la «personnalité du fœtus» crier au scandale : «Nul n'a le droit de modifier le patrimoine génétique d'un être humain !» Même pour lui permettre de vivre ? Même pour éviter, le cas échéant, à la mère d'avorter ?

Avant de condamner cet eugénisme de liberté, comprenons que celui-ci peut éviter de supprimer des embryons autrefois irréparables. Et que seules les thérapies géniques, à base ou non de tri d'embryons, peuvent, justement, rendre réparables !

Jusqu'alors en effet, le diagnostic prénatal n'offrait à la mère d'un bébé malformé que deux possibilités : soit attendre que l'enfant disparaisse avant la naissance ou meure, une fois né, d'une maladie incurable ; soit décider d'emblée, un avortement. Bref, la mort ou... la mort ! La mort... ou le handicap !

Autoriser les médecins à intervenir sur le fœtus ou son génome laisserait au contraire à la mère, un choix nettement plus ouvert : l'avortement ou... la réparation ! Gageons que confrontées à un tel choix, bien des mères choisiront la seconde solution, éventualité à laquelle feraient bien de réfléchir les contempteurs des « manipulations géné-tiques » qui sont bien souvent aussi des adversaires de l'avortement...

Aujourd'hui, en revanche, tout se passe comme s'il existait un *numerus clausus* de maladies qu'on aurait le droit de détecter pour permettre une IVG (la trisomie 21, par exemple, ou encore l'absence d'un membre) et une liste de maladies qu'on aurait, certes, le droit de dépister, mais sans avoir celui de les soigner par les manipulations appropriées !

La vérité est que, confrontés aux progrès fou-droyants de la médecine, la société tout entière, et spécialement le législateur, nagent aujourd'hui en plein désarroi, comme le prouve l'incroyable incertitude juridique concernant le statut de l'enfant à naître.

Le droit français, par exemple, en distingue deux : celui de l'enfant à naître *in vitro* et celui de l'enfant à naître *in utero*. Le régime juridique de l'enfant à naître *in vitro* dépend des lois bioé-thiques du 29 juillet 1994 et du 9 juillet 2004, cette dernière ayant autorisé l'expérimentation sur les embryons surnuméraires, mais interdit le clonage reproductif et thérapeutique. Quant à l'enfant à naître *in utero*, il dépend des lois de 1975 et 2001 sur l'interruption volontaire de grossesse, la pre-mière ayant dépénalisé l'avortement réalisé sur un embryon dans les dix premières semaines de grossesse, la seconde ayant porté ce délai à douze semaines, et surtout transformé en droit absolu ce qui n'était, dans la loi Veil, qu'une voie d'exception.

Mais voici que tout se complique lorsqu'il s'agit de savoir ce que devient le fœtus après douze semaines, c'est-à-dire quand la loi interdit de lui ôter la vie. La situation est des plus curieuses : passé ce délai, l'avortement redevient le délit qu'il était avant la loi Veil, mais si l'interruption de grossesse résulte de l'imprudence d'un tiers (accident de la circulation, par exemple) la loi refuse de tenir ce dernier pour responsable d'un homicide involontaire, jurisprudence confirmée, en février 2005, lors du procès en appel d'un chauffard ayant provoqué la mort d'une jeune femme et de l'enfant qu'elle portait...

Tout se complique encore si l'accident provoque l'accouchement prématuré du nourrisson : que celui-ci survive, ne serait-ce que quelques minutes hors du ventre de sa mère, et celui qui n'était pas pénalement responsable un instant plus tôt, devient coupable d'homicide involontaire, en vertu de l'article 221-6 du Code pénal ! Ainsi, la chambre criminelle de la Cour de cassation a-t-elle considéré dans un arrêt du 2 décembre 2003 qu'est

coupable d'un homicide involontaire un conduc-
teur ayant causé la mort d'un enfant « par défaut
de maîtrise de son véhicule », au motif que celui-ci
a vécu une heure après sa naissance. Vous avez
bien lu : si l'enfant à naître qui subit l'accident
meurt *in utero*, il n'y a pas d'homicide ; s'il meurt
quelques secondes après être né de façon préma-
turée, l'homicide est constitué !

Même poussée jusqu'à l'absurde, cette logique,
admettons-le, est cohérente avec celle qui dénie au
fœtus toute personnalité juridique, celle-ci n'ayant
de sens qu'une fois l'enfant accueilli par la société.
C'est-à-dire, vu et reconnu par ses parents. Bref,
devenu un homme sociétal ! Mais alors, pourquoi
avoir créé, en 1993, ce nouvel acte d'état civil, à
proprement parler exorbitant du droit commun,
celui de « l'enfant déclaré sans vie » ?

Depuis lors, en effet, si un enfant, conçu depuis
plus de vingt-deux semaines ou pesant plus de
500 grammes, est mort sans jamais être né, l'officier
d'état civil doit établir un acte d'enfant « déclaré
sans vie » sur les registres de décès, tandis que les
parents peuvent, s'ils le souhaitent, inscrire cet
enfant sur les registres de naissance. Ils pourront,
de même, le doter d'un prénom, l'inscrire sur leur
livret de famille et procéder à une inhumation
classique ! Voici donc, reconnue *a posteriori*, qu'on

99

le veuille ou non, la personnalité du fœtus, auquel on reconnaît le droit de mourir...

Bref, s'agissant du statut du fœtus à soigner, nous connaissons le même désarroi juridique : si avec la loi sur l'IVG, les femmes ont obtenu le droit de ne pas mener une grossesse à terme sans avoir à s'en justifier, elles sont fort loin, en l'état actuel des choses, d'avoir conquis celui de traiter *in utero* un enfant appelé à développer une maladie génétique bien identifiée ! Tout juste ont-elles le droit de faire opérer leur fœtus pour des anomalies somatiques graves...

Pourtant, une fois acquis que le sang périphérique de la mère donne accès au génome du fœtus, le livre de la vie est ouvert, que nous savons depuis peu déchiffrer. Doit-on persister pour autant à faire comme si l'on ne savait pas lire – autrement dit refuser de voir la réalité en face et réagir avec des préjugés antérieurs à la connaissance du génome ? Ayant, par exemple, déterminé qu'un embryon était porteur du gène BCRA 2, le médecin a le droit d'en informer la mère, mais pas celui de lui proposer, dans l'hypothèse où elle existerait, la thérapie génique permettant d'éviter à l'enfant devenu adulte, de développer un cancer du sein...

L'avortement est autorisé en France avant la douzième semaine, avant la vingt-deuxième semaine dans certains pays. Il n'a pas besoin d'être motivé autrement que par la volonté de la femme ou du couple. Maintenant qu'il est possible de connaître le statut génétique de l'enfant à naître, va-t-on interdire à une femme de «savoir» parce qu'elle pourrait, si elle sait, réclamer un avortement qu'elle aurait par ailleurs le droit de demander si elle ne savait pas ?

Cette situation est d'autant plus incohérente que, dans le cadre d'un tri d'embryons préalable à une fécondation *in vitro*, le choix génétique est parfaitement autorisé – d'où la naissance d'Adam et de Valentin – alors qu'il est proscrit dans le cas d'une grossesse classique !

Voici une femme désireuse de donner le jour à un enfant mais dont la mère et la grand-mère ont déclaré un Alzheimer dans le courant de la soixantaine. Si, avant d'être enceinte, elle s'adresse à un bon spécialiste, celui-ci pourrait dire, n'en doutons pas : «Madame, nous allons procéder à une fécondation *in vitro* à partir de vos ovules et des spermatozoïdes de votre mari puis, dans le cadre d'une procédure préimplantatoire, nous choisirons celui dont nous sommes certains qu'il ne sera pas programmé pour développer cette maladie.»

Mais si cette femme s'adresse à son médecin alors qu'elle est déjà enceinte, celui-ci n'aura d'autre choix que de lui proposer un diagnostic... non suivi de traitement ! Et bien sûr, en cas de pronostic défavorable, une IVG s'il en est encore temps.

Autoriser une mère à entamer une thérapie génique dans le but d'éviter à l'enfant qu'elle porte de développer une maladie mortelle à huit, vingt ou quarante-cinq ans, en quoi, après tout, est-ce tellement scandaleux ? Toutes choses égales, n'est-ce pas aussi conforme à l'éthique médicale que pouvait l'être, avec les moyens dont elle disposait, la médecine préventive d'hier appliquée aux nourrissons ?

En réfléchissant aux formidables horizons prophylactiques qu'ouvrent aujourd'hui les progrès de la génétique, il m'arrive de penser à la joie qui serait celle de mon grand-père, Robert Debré, s'il pouvait voir, lui que passionnait l'hérédité et qui voua sa vie à combattre les maladies congénitales, de quels instruments d'anticipation nous disposons pour les prévenir. Un an avant sa mort – et quatre ans après l'invention de l'échographie, dont il avait suivi les premiers pas avec passion – il écrivait dans *Ce que je crois* :

« Regardant chaque enfant, je me demande quelle sorte d'adulte il sera, comment sera fait son esprit lorsqu'il aura atteint sa, ou mieux, ses maturités, quel sera son niveau d'intelligence, quelles seront les manières de son comportement et ses démarches intellectuelles en songeant que nos constitutions, nos sensibilités, nos tolérances et nos intolérances – pour ne citer que ces exemples – vont chercher leur explication dans les réactions des molécules. Car les gènes ont donné aux éléments constitutifs des cellules des ordres qui, transmis de proche en proche, ont abouti à nous faire ce que nous sommes et j'évoque alors la pensée de Claude Bernard nous apprenant que les mouvements de notre âme sont liés aux réactions physico-chimiques de notre cerveau et ne s'en écartent jamais. Si les caractères héréditaires résultent de combinaisons qui se sont succédé au cours de millions d'années, une mutation a pu surgir, porteuse inattendue d'une tare qu'il faudra le plus tôt possible découvrir pour en limiter les effets. Sans doute certaines de ces mutations furent-elles jadis bénéfiques pour les progrès de la race humaine, mais pour l'heure il semble qu'elles n'apportent que défauts et malheurs. Il faut donc chercher à les reconnaître et à les éviter [1]... »

Chercher à reconnaître les « tares » pour mieux les éviter ! Qui oserait prétendre que, dans la

_____

1. Robert Debré, *Venir au monde*, Fayard, 1976.

bouche de mon grand-père qui risqua sa vie, sous l'Occupation, pour combattre le totalitarisme nazi, de tels mots puissent avoir quoi que ce soit de commun avec de l'eugénisme totalitaire ? Et pourtant, comment ne pas y voir l'illustration de l'eugénisme humaniste que j'évoquais plus haut : un eugénisme destiné à permettre la vie, non à la supprimer.

En attendant, la loi hésite, et dans le vide éthique qui s'installe chaque jour davantage entre la science et le droit, toutes les dérives, individuelles ou collectives, sont rendues possibles par l'absence de norme en adéquation avec la réalité vécue.

La première dérive, nous le savons bien, est celle qui prend corps sous nos yeux avec la « judiciarisation » croissante de la médecine : faute d'un corpus législatif prenant en compte les progrès de la connaissance et encadrant les droits et les devoirs du praticien mais aussi du patient, les matières touchant à la conception et à la médecine prénatale deviennent source de conflits.

Chacun se souvient de l'arrêt Perruche qui, en novembre 2000, avait frappé de stupeur une bonne partie de la société française : une mère dont la rubéole n'avait pas été diagnostiquée par son gynécologue et qui avait accouché d'un enfant polyhandicapé avait obtenu, non seulement d'être indemnisée – ce qui n'a rien de choquant, dès lors que la faute de diagnostic est avérée – mais que son fils le soit aussi, du préjudice d'être né !

L'affaire mérite qu'on s'y arrête car elle concentre, à elle seule, toute l'ambiguïté des temps que nous vivons, caractérisés comme jamais par un choc frontal entre le droit de savoir et celui d'informer.

Le 17 avril 1982, le médecin traitant des Perruche diagnostique une rubéole chez leur enfant âgé de quatre ans. Le 10 mai suivant, le même médecin soupçonne la contamination de la mère. Or celle-ci est enceinte et, connaissant les risques inhérents à cette maladie lorsqu'elle est contractée pendant la grossesse, elle prévient le médecin : « Si votre diagnostic est confirmé, je souhaite avorter. » Le médecin ordonne donc des analyses qui, contre toute attente, infirment son diagnostic. Rassurée, Mme Perruche poursuit sa grossesse en toute confiance et, le 14 janvier 1983, donne naissance à Nicolas. Mais voici que, peu de temps plus tard, celui-ci présente toutes les manifestations du syndrome de Gregg, lequel a pour origine une rubéole congénitale contractée pendant la grossesse !

Après neuf ans de procédure et de longues expertises médicales et judiciaires, le tribunal de grande instance d'Évry juge, le 13 janvier 1992, que le médecin traitant et le laboratoire ont commis une faute en ce qui concerne l'analyse sérologique ayant conduit Mme Perruche à poursuivre sa grossesse. Faute qui, selon ce même jugement, les rend « responsables de l'état de santé de Nicolas Perruche ». En conséquence de quoi l'un et l'autre sont condamnés *in solidum* avec leurs assureurs respectifs à payer une provision de 500 000 francs à valoir sur son préjudice corporel et 1,8 million de francs à la Caisse primaire d'assurance maladie de l'Yonne au titre des prestations versées.

Le précédent est grave : l'amende destinée à la Caisse primaire laisse penser qu'un jour d'autres Caisses seront habilitées à dire aux mères porteuses d'un enfant anormal : « Si vous le gardez en connaissance de cause, nous ne vous verserons aucune prestation »... Ce qui serait purement et simplement de l'eugénisme d'État et un pas certain vers une forme de fascisme !

Comme on pouvait s'y attendre, le médecin fait appel, en soutenant que le laboratoire, qui ne conteste pas sa faute, est seul responsable de l'erreur. Le 17 décembre 1993, la cour d'appel de Paris rend sa décision : elle confirme la responsabilité solidaire du médecin et du laboratoire, tenus de réparer les conséquences de leur acte envers Mme Perruche, dès lors que celle-ci « avait fait connaître sa volonté et celle de son mari d'interrompre la grossesse en cas de rubéole ». Mais la Cour d'appel annule la décision de première instance en ce qui concerne le préjudice subi par Nicolas, considérant que l'enfant ne peut invoquer un préjudice réparable et que ses séquelles ont pour seule cause la rubéole, non la faute de diagnostic.

Conséquence : les époux Perruche gardent les dommages et intérêts versés au titre de l'erreur de diagnostic, mais doivent rembourser ceux relatifs au préjudice subi par leur fils. Refusant cette décision, les Perruche se pourvoient en cassation et, sept ans plus tard, c'est l'arrêt du 17 novembre 2000 qui énonce que « ce dernier peut demander la réparation du préjudice résultant de ce handicap et causé par les fautes retenues ».

Outre qu'une telle décision contredit une jurisprudence de bon sens du Conseil d'État soutenant que « la naissance ou la suppression de la vie ne peut être considérée comme une chance ou une malchance dont on peut tirer des conséquences juridiques », elle provoque un vent de panique sans précédent chez les professionnels de santé qui voient s'ouvrir toute grande la porte d'une remise en cause systématique de leurs professions par les tribunaux : les échographistes menacent de ne plus pratiquer si le moindre de leurs actes risque d'être contesté par des mauvais plaideurs, les laboratoires se demandent s'ils pourront, demain, procéder à la moindre analyse sans être confrontés à une procédure contradictoire ; les établissements de soins, publics ou privés, commencent à craindre de voir leurs vestibules envahis par des cohortes d'avocats guettant le patient comme c'est le cas, déjà, aux États-Unis : «Je ne vous prendrai pas un dollar, je me paierai sur ce que l'hôpital vous versera si je parviens à le prendre en faute »...

Bref, nous voici de plain-pied au seuil d'une dérive préoccupante pour l'avenir de la médecine, laquelle risque de faire réfléchir les médecins à deux fois avant de se lancer dans une opération ou dans un protocole sortant de l'ordinaire, puisque ce que fera ou ne fera pas le praticien risque à tout moment d'être soumis à l'appréciation d'une justice qui, par définition, n'a ni la compétence ni les moyens d'évaluer ce que le médecin aura décidé en son âme et conscience...

Surtout, les familles de handicapés saisissent d'emblée ce que la décision de la Cour de cassation comporte de terrifiant pour l'avenir de leurs enfants : avec l'arrêt Perruche, nous quittons le domaine de la justice pour entrer dans une sphère presque métaphysique : ce n'est plus un préjudice lié au handicap qu'on prétend réparer : c'est la vie même de l'enfant qui est assimilée à un préjudice ! Or, peut-on sérieusement condamner un médecin parce qu'il a fait naître un enfant ?

Autant il est légitime que la mère qui souhaite avorter s'il est acquis qu'elle risque de donner le jour à un enfant anormal, puisse demander répa-ration s'il est prouvé que l'investigation qu'elle a demandée n'a pas été effectuée correctement, autant il est impensable que la vie elle-même devienne objet de réparation ! Si l'on commence à indemniser la vie, ne trouvera-t-on pas normal, un jour, de donner la mort pour des raisons personnelles [1] ?

En quelques phrases, l'arrêt Perruche a enfin créé un lien de causalité quasiment ingérable entre la faute présumée et le préjudice : tout ce qui n'a pas empêché le handicap a contribué à ce handicap !

Dans la foulée, une véritable anarchie juris-prudentielle s'est développée en quelques mois : en septembre 2001, la cour d'appel de Bordeaux s'est ralliée à l'arrêt Perruche tandis qu'en mars précédent, celle d'Aix-en-Provence faisait acte de résistance !

---

1. Voir mon essai sur l'euthanasie, *Nous t'avons tant aimé,* le cherche midi, 2004.

Fort heureusement, la raison a prévalu et la loi du 4 mars 2002 a mis un coup d'arrêt salutaire à la jurisprudence Perruche. Son article 1 stipule, sans ambiguïté : « Nul ne peut se prévaloir d'un préjudice du seul fait de sa naissance. La personne née avec un handicap dû à une faute médicale peut obtenir la réparation de son préjudice lorsque l'acte fautif a provoqué directement le handicap ou l'a aggravé, ou n'a pas permis de prendre les mesures susceptibles de l'atténuer. »

Et le législateur d'ajouter : « Lorsque la responsabilité d'un professionnel ou d'un établissement de santé est engagée vis-à-vis des parents d'un enfant né avec un handicap non décelé pendant la grossesse à la suite d'une faute caractérisée, les parents peuvent demander une indemnité au titre de leur seul préjudice. Ce préjudice ne saurait inclure les charges particulières découlant, tout au long de la vie de l'enfant, de ce handicap... Toute personne handicapée a droit, quelle que soit la cause de sa déficience, à la solidarité de l'ensemble de la collectivité nationale. »

Désormais, l'enfant handicapé (ou les parents en son nom) ne pourra demander réparation que dans un seul cas : quand le médecin aura commis une faute ayant provoqué directement le handicap, ce qui écarte la thèse d'une malformation génétique préexistante.

Mais pour en arriver à cette loi d'évidence, que de psychodrames ! Face aux progrès du savoir, il est donc urgent de fixer une norme. Car en l'absence de norme, tout est possible : la mère attaquant le médecin parce qu'il n'a pas dit ce qu'il savait ou qu'il était réputé savoir (c'est l'arrêt Perruche, à propos d'une maladie acquise pendant la grossesse ; ce peut être, demain, une jurisprudence plus sévère encore, appliquée à des malformations congénitales, voire à des maladies potentielles non encore développées lors de l'examen prénatal) ; celle aussi qui attaquerait le médecin parce qu'il a su trop tard, hors délai d'avortement ; mais aussi, cas de figure inverse, la mère qui, n'ayant pas voulu savoir et à qui l'on impose le diagnostic, reproche au praticien une pression excessive en faveur d'une IVG !

Ne négligeons pas davantage cette autre possibilité : celle d'un enfant malformé qui, devenu adulte, se retournerait contre ses parents au motif que ceux-ci n'ont pas fait ce qui était en leur pouvoir pour le soigner à temps, voire... pour l'empêcher de venir au monde ! Les médecins et l'État seraient visés du même coup : les premiers pour n'avoir pas su ou voulu prévenir les parents, le second parce qu'il n'aurait pas rendu obligatoire (ou simplement remboursé) un diagnostic *in utero*...

Envisageons aussi l'horreur absolue, d'essence totalitaire : l'État mettant en cause une mère qui, bien que sachant ce qu'elle souhaitait savoir, aurait décidé de garder son enfant anormal et se verrait privée de toute prise en charge en raison d'un cadre législatif eugéniste conditionnant le bénéfice de la solidarité nationale à la naissance d'un enfant normal ! Impossible ? Voire... La Suède, je l'ai dit, n'était pas éloignée de cette logique, voici encore trente ans ! Quant à la France, l'actuel débat sur l'euthanasie des malades et des vieillards en fin de vie démontre qu'elle n'est pas à l'abri d'une telle dérive, surtout dans un contexte de maîtrise comptable des comptes sociaux, je me suis déjà longuement expliqué sur le sujet...

« Si un seul homme peut être regardé comme un déchet, a écrit Simone de Beauvoir, cent mille hommes ensemble ne sont qu'un tas d'ordures. » Voilà bien ce qu'il faut à tout prix éviter !

Croit-on que nous en sommes tellement éloignés ? Rappelons seulement ce que beaucoup de nos concitoyens ignorent : en France comme dans la plupart des pays développés, une méthode d'évaluation coût/bénéfice est en train de s'imposer – le fameux système QALY – qui consiste à mesurer les résultats des politiques de santé à partir de critères strictement financiers, en l'occurrence le nombre d'années de vie gagnées converties en termes monétaires. Une classification de plus en plus stricte des soins et de leurs coûts en fonction de l'âge du patient est soumise à l'appréciation d'un comité de soixante-dix personnes représentatives de l'économie de la santé, lesquelles assignent une valeur de 0 à 10 à chaque pathologie. Cette approche vise à évaluer l'efficacité et la rentabilité d'un traitement et à hiérarchiser les différentes actions qui sous-tendent l'allocation des ressources à telle ou telle thérapie. Se rend-on bien compte de ce que cela signifie ? Ni plus ni moins que l'enrôlement de la médecine au service d'objectifs strictement économiques sans rapport avec l'amélioration de la vie.

C'est ce que j'ai appelé, naguère, le syndrome du crayon et de la gomme : quand une collectivité est tentée, pour des raisons de confort sociétal, de pousser vers la sortie – d'effacer ! – ceux qui dérangent le confort des bien-portants, elle est aussi mécaniquement tentée de dessiner les contours de l'humanité qu'elle souhaite voir venir au monde. Voici pourquoi tout doit rester affaire de morale personnelle et non de loi, celle-ci n'intervenant que pour fixer certaines bornes. J'entends par là : éviter que des parents placent trop haut le curseur de la bonne santé. En réclamant, par exemple, un avortement hors délai parce que l'échographie aura décelé un simple bec-de-lièvre, l'absence d'un doigt ou l'existence d'un pied bot, sans parler de tout ce que nous ne pouvons pas encore déceler mais que les analyses génétiques seront en mesure de révéler demain, comme la couleur des yeux ou des cheveux, toutes choses que les parents pourraient être tentés de transformer en critères discriminants...

La prise en charge des mal formés est donc le pendant logique du refus de l'euthanasie, car si l'État est favorable à l'euthanasie des vieux, il préconisera, demain, celle des enfants potentiellement mal nés. Et voilà la boucle bouclée : à l'origine de l'existence, le choix – imposé – de bébés parfaits et sans tares, des bébés sélectionnés dont le génome sera entièrement connu et déterminé avant la naissance ; et au crépuscule de la vie, la « gomme » législative qui nous permettra d'effacer ceux qui encombrent. Il ne restera plus alors qu'à proposer aux vieillards et aux éclopés de donner une de leurs cellules pour qu'ils se fassent cloner avant que le bourreau ne commence son œuvre et ne les réduise en cendres...

Comment, dès lors, réconcilier l'eugénisme de liberté en faveur duquel j'ai plaidé et l'accueil de l'enfant à naître, quel que soit son état ? Bel et bien, cette fois, par le vote d'une grande loi qui imposerait sans discussion possible que si la mère (ou les deux parents) décident, en connaissance de cause, de mettre au monde un handicapé, rien ne sera fait pour les en dissuader. Mieux, l'État aura le devoir de tout mettre en œuvre, quel qu'en soit le coût, pour subvenir aux besoins de cet enfant durant le temps qu'il vivra.

Qui ne voit que serait ainsi résolu le conflit latent des deux libertés imprescriptibles dont peut et doit bénéficier la future mère : la liberté de ne pas garder un enfant dont elle sait, dans un délai compatible avec une IVG, qu'il sera porteur de tares qu'elle ne se sent pas en mesure d'assumer ; et la liberté d'élever dans la dignité l'enfant qu'elle aura choisi de mettre au monde, quelle que soit la gravité de son état.

Mais pour que ces deux libertés puissent s'exercer concrètement, deux conditions doivent être remplies : que les moyens financiers mis à la disposition des familles désireuses d'élever un handicapé soient améliorés – et chacun sait que ce n'est pas à la naissance que le handicap coûte le plus cher, mais bien quand celui qui en souffre devient adulte, spécialement quand il a perdu ses parents – et que la médecine prénatale, y compris le clonage thérapeutique, ne soit plus l'objet d'interdits et de fantasmes (les seconds étant fils des premiers). Quand les parents seront certains de pouvoir maîtriser l'avenir, croit-on qu'ils songeront aussi facilement qu'aujourd'hui à empêcher une naissance ?

L'avenir, c'est ainsi, est inscrit dans les gènes : maintenant que nous le savons aussi sûrement que la Terre tourne autour du Soleil, avons-nous le droit de faire comme si nous l'ignorions ? Un jour viendra peut-être où ceux qui auront usé du pouvoir que leur confère la loi pour empêcher l'homme de tirer les conséquences de ce que lui apprend la science, passeront pour des ennemis de la liberté, à l'égal des inquisiteurs du XVIᵉ siècle qui tenaient pour hérétique la théorie de la gravitation universelle, ou des scientistes du XXᵉ qui prétendaient créer un homme parfait en empêchant certaines vies jugées « imparfaites » de venir à leur terme. La liberté, valeur absolue, ne se partage pas, tant qu'elle reste individuelle et n'impose pas sa norme à celle d'autrui. Chacun a le droit de savoir. Et quand il sait, d'agir selon sa conscience. Une mère qui choisit de ne pas accoucher d'un enfant trisomique est aussi respectable et responsable qu'une mère choisissant de l'élever. La loi est légitime quand elle réconcilie la vie, assimilée à l'intérêt général, et la liberté, affaire individuelle. Elle devient coercitive quand elle impose la vie à ceux qui n'entendent pas la donner, et la mort à ceux qui veulent donner la vie.

III

S'il te plaît,
dessine-moi un clone !

Si le Petit Prince avait connu Dolly, aurait-il réclamé avec tant d'insistance qu'on lui dessine un mouton ? Sachant ce que nous savons, il aurait peut-être simplement réclamé qu'on lui fabrique un clone, afin de pouvoir partager avec un semblable son exil à « mille miles de toute terre habitée »...

Ironie de l'Histoire : c'est précisément à l'époque où Saint-Exupéry écrit son *Petit Prince* que le clonage fait ses premiers pas clandestins dans l'histoire de l'humanité ! En 1938, très précisément, quand l'embryologiste allemand Hans Spemann, Prix Nobel de médecine en 1935, parvient à retirer le noyau de cellules d'embryons de grenouilles de son enveloppe et à le réimplanter dans des ovocytes préalablement énucléés ! Même si elle est différenciée, c'est-à-dire déjà spécialisée dans telle ou telle fonction, cette cellule peut retrouver toutes les potentialités initiales de l'œuf.

Il faudra ensuite attendre 1952 pour qu'aux États-Unis, Robert Briggs et Thomas King réalisent le premier clonage de grenouilles à partir de cellules de têtards, dix ans avant que le Britannique John Gurdon parvienne à faire de même avec des grenouilles adultes, en utilisant le noyau d'une cellule différenciée d'épithélium intestinal. Malgré le faible taux de réussite, le principe est enfin démontré que n'importe quelle cellule peut engendrer la reproduction d'un être complet !

Devant la polémique suscitée dans les milieux scientifiques (tout le monde, alors, ne croit pas encore à la dédifférenciation cellulaire !), Gurdon persiste et, en 1970, renouvelle l'expérience avec succès.

Parallèlement, les clonages obtenus à partir de cellules embryonnaires se poursuivent : en 1975, c'est la naissance des premiers lapins clonés, suivis, en 1980, par les premières souris, et, en 1986, par le premier veau...

Mais c'est en 1997, nous l'avons dit, qu'intervient la révolution absolue, en matière de clonage chez le mammifère : la naissance de Dolly, produite non pas à partir d'une cellule embryonnaire, mais à partir d'une cellule adulte prélevée sur la mamelle d'une brebis de six ans. Autrement dit, une cellule mature somatique a pu se « dédifféren-cier », retrouver les potentialités de la cellule pri-mordiale de l'ovocyte, en redevenant ainsi une cellule souche elle permet de reproduire l'animal.

Et voici que soudain, l'imagination s'enflamme ! À peine accoutumés à ce qui, voici encore dix ans, paraissait un rêve de savant fou, nous attendons déjà fébrilement l'étape suivante : la duplication de l'homme sans fécondation !

Nous pouvons bien en réprouver le principe avec les meilleurs arguments du monde, condamner ceux qui s'affranchissent des lois et défient l'opi-nion pour prôner ce que l'Unesco a qualifié, dès 1997, d'« offense à la dignité humaine », et d'autres, carrément de « crime contre l'Homme », nous savons bien que rien, jamais, n'arrête la science. Aucune religion, aucun interdit laïc, aucune menace judiciaire même, ne sont encore parvenus à endi-guer le torrent de la connaissance quand celui-ci déborde du lit où les lois humaines ont cru pouvoir le contenir.

Tout au long du Moyen Âge, l'Église inter-disait aux médecins de rechercher les causes des maladies en pratiquant la dissection (sauf celle des animaux !), parce qu'elle contrevenait au dogme de la résurrection des corps : cela a-t-il empêché Ambroise Paré d'écrire son traité d'anatomie et de faire avancer la chirurgie plus vite qu'elle n'avait progressé en dix siècles ? Il faut dire que face au décalage croissant entre les principes et la pratique, les États eux-mêmes avaient favorisé cette transgression majeure : Philippe le Bel qui, c'est vrai, se souciait fort peu des bulles papales, surtout quand elles venaient de son ennemi Boniface VIII, particulièrement strict en la matière, autorisa le premier son chirurgien personnel à pratiquer officiellement une dissection. C'était en 1285 mais il faudra attendre 1554 et l'élévation d'Ambroise Paré au rang de chirurgien, pour que cette pratique, monnaie courante depuis l'Antiquité, devienne recommandable et... recommandée !

Et que dire du concept de la circulation du sang par Michel Servet, médecin genevois que Calvin tout-puissant récompensa en le faisant décapiter en 1553... cent vingt ans avant que Louis XIV n'impose sa réhabilitation au grand dam de la Faculté et des autorités religieuses, parties prenantes de l'enseignement de Galien...

On pourrait en dire autant de Giordano Bruno, brûlé vif à Rome, en 1600, parce qu'il avait osé décrire l'univers comme infini. À la demande des autorités, on aura même soin de le bâillonner avant de l'amener sur le lieu de son supplice, afin d'éviter que ses paroles ne puissent troubler la foule, venue assister au spectacle...

Dieu merci, nous n'en sommes plus là, mais, plus que jamais, la science – surtout quand elle progresse à pas de géants – vit sous le double signe du pouvoir et du savoir, le premier ayant toujours comme réflexe de canaliser le second afin de conserver une apparence de contrôle sur les événements.

Face au clonage, la première question qui se pose aux gouvernements n'est pourtant pas de savoir s'il doit être prohibé ou non ; elle est de savoir s'il existe ou s'il n'existe pas. La réponse est claire : le clonage existe et existera de plus en plus facilement, appliqué à des espèces animales et végétales de plus en plus nombreuses, avec des taux d'échec de moins en moins importants.

Sait-on qu'aux États-Unis, la société Genetic Savings and Clone qui, en 2002, a réalisé le premier clonage réussi de chat, propose désormais à ceux qui le souhaitent – et qui en ont les moyens – la réplication de leur animal familier ? Certes, l'addition est encore un peu chère : 50 000 dollars pour un matou, et bientôt pour un chien, mais la demande a bel et bien démarré : neuf clones ont déjà été réalisés en 2004, et tout indique qu'ils seront de plus en plus nombreux, le coût de l'opération baissant à mesure que les tentatives connaissent un taux de succès plus élevé...

En quelques années, en tout cas, cette société de clonage a conquis les Américains, et son directeur adjoint chargé de la communication, Ben Carlson, se répand dans la presse en anecdotes pathétiques : « Des gens, raconte-t-il, nous apportent la balle avec laquelle jouait leur chien, dans l'espoir qu'avec les fragments d'ADN que nous y trouverons, nous serons en mesure de faire revivre leur compagnon ! » D'autres encore, apportent une dent, une touffe de poils... Et sans attendre que le programme de clonage soit ouvert aux chiens, c'est par centaines que des clients ont déjà fait conserver les gènes de leur compagnon dans la « banque » de la société !

D'abord seule sur ce créneau, Genetic Savings and Clone doit d'ailleurs compter avec plusieurs concurrents : PerPETuate, une start-up de Sturbridge (Massachusetts), propose elle aussi aux propriétaires qui souhaitent cloner leur chien de stocker des cellules provenant d'échantillons de la peau prélevés sur l'animal et clonées dans un laboratoire spécialisé de Worcester ; Lazaron Bio Technologies et la Canine Cryobank en Californie font de même.

Il serait faux de croire, par ailleurs, que les clients de ces officines sont de purs farfelus : outre qu'ils doivent posséder un solide compte en banque, on les recrute dans tous les milieux socioprofessionnels :

chercheurs, avocats, professeurs d'université et même, dit-on... quelques sénateurs !

On peut bien trouver risible cet engouement très américain, il n'en reste pas moins que, dans quelques années, cette pratique sera monnaie courante. Qu'on le veuille ou non. Et si une loi fédérale venait à l'interdire aux États-Unis, comment empêcherait-on des officines clandestines de proposer le même service... plus cher ?

En attendant d'avoir totalement abouti dans leur technique, les chercheurs se mobilisent pour offrir un service parallèle aux amateurs d'animaux domestiques : des chiens ou des chats « anallergéniques », autrement dit : génétiquement modifiés pour ne pas transmettre d'allergies ! La très sérieuse université du Connecticut y travaille ainsi d'arrache-pied, en collaboration avec un laboratoire privé, Transgenic Pets, qui a mis 1,4 million de dollars sur la table !

En attendant, les Italiens mobilisent déjà leur connaissance du clonage pour répliquer des animaux d'exception : en avril 2005, on apprenait que, trois mois plus tôt, était né à Crémone, dans le laboratoire de Cesare Galli, le deuxième cheval cloné de l'Histoire : non plus celui d'un équidé lambda, comme celui qu'avait déjà créé le laboratoire, en 2002, mais bien celui d'un champion : Pierraz, détenteur de plusieurs prix d'endurance, mais castré voici quelques années. Une décision qui, finalement, n'a pas été irrémédiable, puisque quelques cellules somatiques prélevées ont suffi à lui assurer... une descendance !

Mais quittons le domaine de la réplication animale, dont la cause est entendue, pour en venir à la seule question qui vaille : le clonage pourra-t-il un jour être appliqué à l'homme, et si oui, dans quels buts et dans quelles conditions ?

Première réponse : dans la mesure où l'on clone déjà d'autres organismes vivants, aucune raison scientifique dirimante ne permet de penser que l'homme puisse échapper durablement à ce processus, même si les difficultés techniques rencontrées dans son cas sont infiniment plus nombreuses, par exemple, que dans celui des bovins.

Pour raisonner clairement, il importe, en outre, d'évacuer les malentendus qui ont investi le débat sur le clonage et empêchent d'en parler sereinement. La principale difficulté est, en effet, de faire comprendre au public la différence entre le clonage dit thérapeutique et le clonage reproductif... pour souligner, aussitôt après, que celle-ci n'est pas aussi évidente qu'on veut bien le dire !

Qu'appelle-t-on le clonage thérapeutique, par opposition au clonage de réplication dont nous venons de parler ? Comme son nom l'indique, le but du clonage thérapeutique est de soigner, et seulement de soigner. Il consiste à mettre en culture des cellules somatiques du donneur qui deviendra le receveur afin de les faire régresser vers des cellules souches puis de les faire s'élancer, non pas vers un être complet, comme ce fut le cas pour Dolly, mais vers des cellules spécialisées (foie, cœur) aptes à remplacer ses cellules malades par des cellules clonées, sans que cette greffe coure le moindre risque d'être rejetée... Rien à voir, donc, en théorie, avec le clonage reproductif, alternatif à la fécondation !

Mais à y regarder de plus près, que de points communs entre les deux processus ! D'abord parce qu'au départ les méthodes employées sont les mêmes. Rappelons-les brièvement.

Premier stade du clonage : un ovule est prélevé sur une femme. Son contenu génétique de 23 chromosomes situé dans le noyau est enlevé. On parle alors d'ovule énucléé. Parallèlement, une cellule somatique (non sexuelle, le plus souvent une cellule de peau a 23 paires de chromosomes) est prélevée sur un homme ou une femme, puis mise en culture. Nous avons même vu qu'au lieu d'avoir recours à deux organismes différents, comme ce fut le cas pour Dolly, l'ovule et la cellule somatique peuvent venir du même individu. Puis le noyau contenant l'ADN (donc le message génétique) de cette cellule somatique est extrait pour être implanté dans l'ovule vide de la donneuse. L'œuf ainsi reconstruit avec ses 23 paires de chromosomes contient maintenant le matériel génétique du seul donneur. Spectacle inimaginable voici encore quelques années : on peut alors assister, sous microscope, à la régression d'une cellule somatique vers une cellule primordiale, capable de se diviser à nouveau ! Puis, grâce à des chocs électriques et à un cocktail chimique (chaque institut a ses recettes !), l'œuf peut commencer son développement et sa division jusqu'à contenir une centaine de cellules.

C'est le stade du blastocyste qui, dans le cadre d'une fécondation *in vitro*, donne un embryon pré-implantatoire. La couche externe va former le placenta et la partie interne – le futur embryon – contenir les cellules souches. Ce sont elles qui, tout au long de l'embryogenèse, vont plus tard se spécialiser pour produire les innombrables morceaux du puzzle humain, en se transformant qui en cellules de foie, qui en cellules de rein, qui en cellules de cheveu... Le grand livre de la vie commence à s'écrire et ses messages partent en tous sens pour donner un homme complet !

C'est à partir de ce stade que les chemins du clonage thérapeutique et ceux du clonage reproductif divergent. Au moins provisoirement...

Dans le cas du clonage thérapeutique, les cellules souches du blastocyste sont prélevées et mises en culture dans un milieu bien précis (une « soupe » de protéines et d'enzymes) où elles poursuivront, *in vitro*, leur évolution normale : de totipotentes (ouvertes à toutes les spécialisations), elles deviendront pluripotentes (ouvertes à certaines seulement) puis se différencieront définitivement vers telle ou telle fonction (cellule cardiaque, cellule musculaire, neurone...) et pourront être transplantées chez le malade donneur dont un organe aura besoin d'être réparé.

Fin 2004, j'ai assisté, en Israël, au Technion d'Haifa, à un spectacle unique, à la fois merveilleux et émouvant : la transformation de cellules souches d'embryons indifférenciés, en cellules de myocarde qui se mettent à battre seules et qui ne demandent qu'à être injectées dans le cœur d'un malade pour remplacer ses cellules défaillantes ! Comment, dès lors, ne pas croire à l'avenir du clonage thérapeutique ? Comment ne pas penser aux milliers de malades qu'une fois sortie de sa phase expérimentale, ce type de thérapie pourra à coup sûr sauver ? Même si dans un futur peu lointain ce sont les cellules adultes en place *in vivo* qui pourront ainsi régresser puis régénérer l'organe cible, foie, cœur, cerveau, grâce à l'injection de facteurs de croissance et de dédifférenciation appropriés en cours d'identification, le THP.

Dans le cadre du clonage reproductif, en revanche, le blastocyste n'a pas vocation à servir de future banque d'organes : il est tout bonnement réimplanté dans un utérus. En théorie, il pourra alors se développer jusqu'au stade de fœtus. Et le bébé qui en résultera sera la copie génétique du donneur de la cellule somatique.

Le problème clé auquel les scientifiques et les États seront très prochainement confrontés n'est donc pas (ou plus) de savoir comment s'opposer à l'inévitable ; il est de faire en sorte que cet inévitable reste toujours compatible avec l'honneur de vivre, immense chantier qui, j'aimerais le montrer, se suffit largement à lui-même.

Quitte à choquer, et avant d'entamer ce débat éthique fondamental, poussons d'emblée les choses à l'extrême : qui nous dit que des clones humains n'existent pas déjà ? Oh, certes, pas ceux promis par le mage Raël et sa secte folle qui nous annonçait, fin 2002, la naissance du premier bébé cloné de l'histoire de l'humanité (suivi d'un deuxième en 2003 !), mais d'autres, élaborés dans la plus grande discrétion, dans de vrais laboratoires, avec de vrais moyens, par de vrais scientifiques qui auraient dompté les trois principales difficultés du clonage reproductif humain : l'obstacle moléculaire mis en lumière par l'équipe du professeur

Schatten (le père du singe phosphorescent !) lequel a remarqué que, chez les primates, les chromosomes se divisaient de manière anarchique et empêchaient l'embryogenèse de se dérouler normalement ; l'obstacle immunitaire, déjà constaté chez certains animaux développant – mais de moins en moins – des tumeurs virulentes liées au caractère incontrôlable des cellules souches embryonnaires extraites puis injectées ; l'obstacle de la longévité, enfin, lié peut-être à l'atrophie des télomères, celui-là même qui fit vieillir Dolly prématurément, mais que les concepteurs du taureau Kamitakafuku, nous l'avons dit, semblent bien avoir résolu... Si tant est qu'il se soit jamais posé !

Or tout indique que ces obstacles – sans parler du principal : l'obstacle financier – sont en passe d'être levés, s'ils ne le sont déjà. Sait-on, par exemple, qu'en février 2004, l'équipe du docteur Woo Suk Hwang, de l'université nationale de Séoul, a réussi à créer plusieurs embryons humains clonés ? Pour y parvenir, les chercheurs sud-coréens ont employé une méthode sensiblement différente de celle utilisée pour la brebis Dolly : le clonage autologue.

Explication : si Dolly est bien, en effet, le clone de sa mère, le professeur Ian Wilmut a eu recours, pour la créer, à deux organismes distincts : celui de la mère, *via* les cellules extraites d'une glande mammaire, et celui d'une autre brebis dont les ovules, préalablement énucléés, ont servi de réceptacles. Dans le cas de l'expérience sud-coréenne, au contraire, l'ovule énucléé et le noyau cellulaire à cloner proviennent de la même personne.

Les scientifiques sud-coréens ont rapporté dans la revue *Science* qu'ils ont d'abord recueilli par ponction 246 ovocytes émanant de seize donneuses. Chaque ovocyte a été vidé de son noyau, lequel a été remplacé par celui d'une cellule issue des mêmes donneuses. Par différents secrets de fabrication (milieu de culture, fusion et division cellulaire par stimulation électrique et chimique), les chercheurs ont obtenu trente embryons humains clonés qui ont pu être cultivés jusqu'au stade de blastocyste (5-7 jours). Puis sur vingt d'entre eux, des cellules souches embryonnaires ont été prélevées et mises en culture, l'une d'entre elles donnant ces fameuses cellules pluripotentes, tellement recherchées dans le cadre du clonage thérapeutique, puisque capables de se différencier pour donner n'importe quel tissu, nous y reviendrons. En mai 2005, les Sud-Coréens et les Anglais ont annoncé être allés encore plus loin.

Certes, officiellement, aucun bébé cloné n'a vu le jour, il s'agit d'un pur travail de biologie fondamentale. Reste que de nombreux obstacles techniques sont désormais levés. Subsiste l'interdit moral : seule l'éthique des chercheurs les a dissuadés de cultiver plus longtemps les embryons qu'ils sont parvenus à fabriquer... Parce que la Corée du Sud, proche des États-Unis, n'entend pas se lancer seule dans une voie que réprouvent le gouvernement Bush et la majorité des États occidentaux ? Peu importe en vérité ! La Chine populaire qui se moque bien, elle, de plaire ou de déplaire à ce qu'il est convenu d'appeler la « communauté internationale », n'a pas ce genre de scrupules : en février 2005, elle a ainsi voté contre une Déclaration solennelle adoptée par la Commission du droit international de l'Assemblée générale de l'ONU qui demandait à tous les pays d'interdire le clonage humain.

L'argument est difficilement contestable : un zygote (l'œuf résultant de la fécondation de deux gamètes, un ovule et un spermatozoïde) n'est pas un Homme puisqu'il n'a ni fonction sensorielle ni système nerveux. « La protection des droits d'un être non humain au détriment de millions de malades ne favorise pas le progrès social », dit le communiqué officiel du gouvernement chinois. Et Li Sun, membre de l'Académie des sciences morales de Pékin, de démontrer en une phrase, tout le pragmatisme de son pays : « L'immaturité technique doit être l'unique cause de l'opposition au clonage humain. » Traduction : dès que l'ingénierie appropriée aura fait ses preuves, rien ne s'opposera à ce que des expériences plus complètes soient menées à bien.

Voilà pour ce que nous savons. Mais qu'en est-il de ce que nous ne savons pas ? Ne revenons pas sur l'imposture des « Raëliens » dont la firme Clonaid est apparue pour ce qu'elle est : une très belle machine... à recycler l'argent des naïfs ! Mais arrêtons-nous un instant sur les rumeurs qui, depuis 2002, entourent le sulfureux gynécologue italien Severino Antinori. Pas de doute, lui aussi a menti quand il a annoncé – avant de se rétracter – avoir réussi à « mettre en route » un bébé cloné. Qu'Antinori soit mythomane, c'est possible. Il est, à coup sûr, mégalomane, et doué d'une éthique toute personnelle qui me semble difficilement compatible avec l'exercice serein de la médecine. Mais il est tout sauf incompétent !

Du strict point de vue scientifique, ses succès sont éclatants : surnommé l'« accoucheur des grands-mères », Antinori est, on s'en souvient, devenu célèbre en repoussant, en 2005, jusqu'à soixante-huit ans – pour l'instant ! – la limite d'âge imposée aux femmes par la nature pour accoucher d'un bébé. En douze ans, son institut a pris en charge plus de 1 000 patientes ménopausées, et 390 enfants sont nés, de la sorte, en bonne santé ! Certes, le taux de réussite de l'opération est très faible, puisque ces traitements ont consommé très exactement 5 280 ovules ! C'est dire si peu de centres sont aujourd'hui capables d'atteindre un tel niveau de production, lequel exige les dons d'innombrables jeunes femmes – et des patientes pour le moins aisées : 15 000 euros en moyenne pour une tentative dont les chances d'aboutir sont à peine supérieures à un tiers...

Mais l'essentiel n'est pas là : même les plus farouches adversaires d'Antinori – dont je suis, tant il me semble éthiquement condamnable d'offrir à un enfant une mère qui pourrait être sa grand-mère, voire son arrière-grand-mère, égoïsme aussi préoccupant que celui d'un homme devenant père à quatre-vingts ans ! – reconnaissent la longueur d'avance de l'Italien en matière de génie génétique. Bref, qu'il soit parvenu ou non à faire naître un bébé cloné, Antinori n'en est pas moins membre d'une sorte d'internationale du clonage qui, sans attendre qu'une législation internationale le proscrive, s'est engagée dans une course de vitesse visant à mettre les États et les diverses autorités morales devant le fait accompli.

Bravade ou réalité ? En janvier 2003, le biologiste russe Alexeï Iablokov n'a pas hésité à déclarer à l'AFP, que des « centaines de généticiens russes » étaient capables de mettre au monde un enfant cloné. En Chine, le professeur Lu Guangxiu, membre de la Conférence consultative politique du peuple chinois (une assemblée créée pour distinguer les personnalités scientifiques et culturelles les plus représentatives du pays), dirige, à Changsha, dans le Hunan, un institut qui, voué officiellement au clonage thérapeutique, pourrait s'imposer, demain, comme la référence mondiale en matière de clonage reproductif.

Non seulement Lu Guangxiu est parvenue, comme son collègue sud-coréen, à cloner plusieurs embryons jusqu'au stade de blastocyste, mais elle dispose à la fois d'un matériel de pointe et d'un volant de volontaires quasi inépuisable. Contrairement à Antinori, Lu Guangxiu ne fait pas payer ses candidates au clonage (ce qui limiterait les demandes, surtout dans cette province, parmi les plus pauvres de Chine) : les couples stériles viennent à elle pour bénéficier d'une fécondation *in vitro*, laquelle sera effectuée gratuitement, et autant de fois qu'il sera nécessaire, en échange d'une simple signature. Par elle, la candidate s'engage à offrir à la recherche une partie de ses ovules – ce qui est impensable chez nous, où la totalité des ovules prélevés chez une femme (une douzaine en moyenne) sert à maximiser les chances de rendre fertile le couple.

Le journaliste Frédéric Koller, de *L'Express,* qui a rencontré le professeur Lu dans son institut, raconte : « L'équipe de Changsha bénéficie ainsi d'une source inépuisable d'ovules frais, qui n'a pas d'équivalent ailleurs dans le monde. Mais, dans le clonage, l'ovule n'est qu'une coquille vide dans laquelle est placé le patrimoine génétique d'un autre individu. Qui donc s'est porté volontaire, à Changsha, pour confier à la science ces chromosomes qui font de lui un être unique ? Les mêmes que précédemment ! Selon le professeur Lu, leur consentement écrit vaut aussi pour l'utilisation des cellules du cumulus entourant l'ovule, qui d'habitude sont jetées. "Si nous réussissons à en tirer une lignée de cellules souches, celle-ci appartiendra à la donneuse", précise le médecin. L'heureuse élue sera alors la première au monde à disposer d'un kit personnalisé de réparation d'organes. Sans l'avoir demandé. »

Et *L'Express* de poser la question clé : « Pour un laboratoire qui mène ainsi ses travaux au grand jour, combien d'autres dans le monde font la même chose sans s'en vanter ? Parmi les scientifiques, les plus alarmistes soutiennent que n'importe quelle clinique maîtrisant les dernières techniques de procréation assistée peut bricoler en douce des ovules et des noyaux de cellule. »

Résumé simpliste ? Voire... *L'Express*, qui a fait son métier, a recensé, dès 2003, au moins deux instituts capables de concurrencer Changsha, dont certains membres travaillent en collaboration avec les équipes du docteur Antinori. Fin 2002, l'université de Stanford (Californie) a annoncé la création d'un institut destiné à fabriquer des embryons clonés – officiellement, bien sûr, pour produire des cellules souches à des fins thérapeutiques.

Et en Turquie, un service de pointe de l'hôpital du Mémorial (Istanbul), spécialisé dans le diagnostic préimplantatoire, ne dissimule pas qu'il a recruté des chercheurs à plein temps pour maîtriser le tiercé gagnant du clonage réussi : dénoyautage de l'ovule, implantation d'un nouveau noyau, mise en route de l'embryon au moyen d'un procédé électrochimique... En s'abstenant, bien sûr, pour des raisons éthiques, d'enchaîner les trois opérations !...

Comme leurs confrères du Yunan, les médecins d'Istanbul ont sous la main les ovules et les cellules à recopier. L'activité est même deux fois plus intense qu'à Changsha, avec 1 200 tentatives de fécondation *in vitro* réalisées chaque année ! Comme en Chine, les patientes ont accepté de donner leurs ovules inutilisés «pour la recherche», sans plus de précision. Et l'on compte, paraît-il, sur les doigts d'une seule main, les couples ayant refusé de signer le formulaire autorisant les médecins à utiliser les ovules «surnuméraires», non enrôlés au service de la fécondation recherchée...

En un mot comme en cent, et même si ces chercheurs sont de bonne foi lorsqu'ils jurent, la main sur le cœur, qu'ils n'iront pas plus loin dans leurs expériences, comment s'assurer que d'autres n'ont pas déjà franchi depuis longtemps la barrière de l'éthique ? Qui nous dit que, dans quelques semaines, dans quelques mois peut-être, un vrai bébé cloné ne sera pas présenté au public avec toutes les preuves requises attestant de son «authenticité» ?

Et ce jour-là, que feront les promoteurs de l'interdiction du clonage ? Réclameront-ils l'euthanasie du bébé, assimilé à un monstre alors que rien ne le différenciera, par définition, de milliards d'autres, nés de deux parents ? Rétablirons-nous la peine de mort pour faire respecter des textes de loi, par ailleurs pleins d'humanité ? Et pour quel motif ? La non-conformité à une norme ? Mais laquelle, au fait ? Et pour débusquer les clones éventuels que des savants indélicats auront placés parmi nous, faudra-t-il créer une police génétique chargée d'établir la filiation de chaque nouveau-né ?

Dans les années quatre-vingt-dix, ce que j'écris aurait été assimilé à de la science-fiction. Et j'entends déjà certains me reprocher, au choix, d'agiter des peurs inutiles ou, à l'inverse, de banaliser le clonage...

Ce qui m'anime est bien différent, et tellement plus simple : le souci d'offrir à mes contemporains une vision claire de ce qui est et surtout de ce qui sera. En matière scientifique, davantage encore que dans toutes les autres, le refus du réel n'a jamais été et ne sera jamais une solution, sauf à se retirer dans une lamaserie tibétaine ; de même, considérer que la science doit avoir autorité sur la loi est aussi fou, et éventuellement criminel, que de soutenir l'inverse. Tâchons donc d'établir une frontière claire entre l'acceptable et l'inacceptable, entre ce qui est inévitable et ce que nous pouvons et devons éviter.

Dernier malentendu à lever : on a tendance à considérer que, dans le cadre d'un clonage reproductif, l'embryon obtenu sera la copie conforme du donneur. Or quoi qu'on pense de cette méthode, et je ne me priverai pas de dire pourquoi, *in fine*, je la tiens pour inutile, l'honnêteté scientifique commande de dire que tel ne sera pas le cas.

Quitte à décevoir les amateurs de science-fiction, un bébé obtenu par clonage ne sera jamais un clone parfait... Il héritera en effet de petites quantités de l'ADN mitochondrial contenu dans l'ovule énucléé et non pas de celles des cellules clonées mais aussi d'un environnement fœtal différent, à commencer par l'état général, physiologique et psychologique, de la mère porteuse.

Même chez les animaux, d'ailleurs, la copie n'est pas conforme ! Prenons Copy Cat, le premier chat cloné qui sert de vitrine à la firme Genetic Savings and Clone : tandis que Rainbow, son modèle, qui est aussi sa mère porteuse, possède un pelage blanc avec des taches marron et dorées, son clone génétique a une robe blanche avec des rayures grises ! La première est grassouillette tandis que la seconde est mince. Leurs comportements mêmes sont différents : Rainbow est timide, presque sauvage, tandis que Copy Cat est curieuse et enjouée !

Quant aux humains, il est certain qu'un clone sera moins conforme à son donneur qu'un jumeau monozygote l'est de son jumeau, ces derniers partageant la même expérience physique et spatio-temporelle acquise dans le même utérus, privilège qui ne sera jamais celui d'un embryon cloné, distinct de son modèle par deux différences majeures, même si le clonage a été élaboré à partir d'un même organisme : leur gestation séparée qui peut débou-cher sur des dizaines d'années d'écart, et leurs acquis culturels respectifs qui, par voie de consé-quence, ne seront pas identiques.

Alors même qu'ils grandissent ensemble, deux jumeaux nés le même jour et élevés dans une même famille sont-ils d'ailleurs jamais les mêmes ? Ce qui est vrai pour des jumeaux le serait plus encore pour des clones qui ne seraient pas élevés de façon identique !

Que cela ne veuille pas dire, que cela ne puisse pas vouloir dire que le clonage embryonnaire serait aussi anodin que la gémellité !

Même si le clone n'est pas une copie absolu-ment conforme, il sera cependant tellement proche de son donneur qu'il n'évitera pas, devenu conscient, et *a fortiori* quand il atteindra l'âge adulte, de s'interroger sur son identité ! Car quelle est, au fond, la seule vraie différence entre un jumeau et un clone ? C'est ni plus ni moins que, chez le clone, le hasard n'existe pas. Il a été intentionnellement créé pour ressembler à son modèle... Lui sera-t-il asservi ou, au contraire, se révoltera-t-il, tel le monstre du docteur Franken-stein découvrant qui il est vraiment ? Peu importe, après tout : la psychologie d'un clone sera, par nature, au cœur de la sempiternelle dialectique maître-esclave : l'asservissement ou, au contraire, un état d'insurrection permanent contre sa condition...

Comment nier, de fait, qu'il est difficile de concevoir une technique plus méprisante de l'homme que le clonage humain reproductif ? Si l'on réalise le clone d'un être humain, ce n'est jamais pour son bien, mais seulement pour celui du modèle qu'on entend perpétuer.

L'hypothèse du simple mortel atterré par l'imminence de sa fin et cherchant à tout prix à se survivre est la plus couramment invoquée, mais elle est sans doute la moins crédible : pour profiter de l'immortalité, encore faudrait-il en avoir conscience ! Il ne suffirait donc pas de fabriquer un clone parfait ; il faudrait aussi et surtout lui transférer ce que contient notre cerveau : mémoire, histoire personnelle, apprentissage, émotions, sans parler de tous les processus chimiques afférents. Cette éventualité n'est pas pour demain, même si des chercheurs considèrent qu'ils pourront un jour récupérer le contenu d'un cerveau adulte comme on copie le disque dur d'un ordinateur, ou si l'on préfère, comme on « capture » le contenu d'un site Internet, avec ses « liens » et ses dossiers cachés. En attendant, tous les Narcisses de la terre peuvent se mettre à rêver...

Bien plus crédible est, en revanche, l'hypothèse selon laquelle on estimerait que la « résurrection » d'un modèle disparu depuis longtemps aurait un intérêt pour la collectivité. Déjà, les zoologues travaillent à créer des banques d'ADN qui pourront servir, demain, à recréer des organismes aujourd'hui en voie de disparition. Les fragments d'ADN prélevés étant, par définition, en bon état (puisque l'espèce qu'on veut préserver n'est pas encore éteinte), la difficulté à les faire repartir vers la vie ne devrait pas être supérieure à celle rencontrée, hier, pour créer Dolly.

Mais il y a mieux : depuis 1999, date à laquelle une expédition française a mis la main sur le mammouth laineux congelé le mieux conservé jamais découvert en Sibérie, le rêve de *Jurassic Park* commence à prendre forme. En 2004, l'aventure s'est (provisoirement ?) interrompue : les fragments d'ADN prélevés sur l'animal se sont révélés trop dégradés pour que l'on puisse poursuivre l'expérience... Mais demain ? Déjà, les Chinois travaillent sur un programme d'une tout autre ampleur : la récupération de séquences d'ADN sur des momies. Ils sont même à l'origine du développement d'une nouvelle discipline : la paléogénétique qui pourrait, demain, ouvrir la voie à des clonages encore plus révolutionnaires. Pourquoi pas celui de l'homme de Neandertal ?

Mais poussons plus loin cette logique. Imaginons que le saint suaire de Turin soit véritablement celui du Christ. Avec une goutte de sang prélevée sur ce linceul, il serait possible d'étudier la carte génétique du Christ. Son code barre ADN permettrait de connaître ses caractéristiques physiques et ses dons. Il serait possible de savoir s'il avait un père, voire de démontrer qu'il a des descendants. Ainsi, Dieu se retrouverait-il en équation chimique qui pourrait être comparée à celle du commun des mortels qu'il a, ne l'oublions pas, créés à son image !

Va-t-on alors sanctifier ceux dont l'ADN est le plus proche de celui de Jésus et diaboliser ceux qui s'en écartent le plus ? Existera-t-il des possibilités de rédemption pour ces derniers ? Ne va-t-on pas instituer les canons d'un génome idéal, celui d'un peuple élu dont seraient issus les meilleurs clones ? Et l'enfant qui sera fabriqué ne devrait-il pas être en conformité avec ces canons ? Ne va-t-on pas tenter de cloner ceux dont l'ADN est le plus proche de l'idéal ? Mais au fait, qui définira cet idéal ? Le politique, le scientifique, des sondages d'opinion, les religieux ? Voici à coup sûr de terrifiantes perspectives, qui jetteraient les bases d'un clonage eugénique aux antipodes du clonage ancillaire auquel la littérature et le cinéma nous ont habitués : créer des clones dans le simple but de disposer d'un matériau humain taillable et corvéable à merci, ravalé à l'état de masse de manœuvre par un pouvoir d'oppression.

Cette hypothèse, qui a rendu si prolixes les auteurs de science-fiction depuis Huxley *(Le Meilleur des mondes)* et Orwell (1984), j'avoue ne pas y croire. Les totalitarismes sanglants du XXe siècle mais aussi les intégrismes religieux qui menacent la paix du monde ont démontré qu'il était plus simple et plus efficace de « laver » culturellement le cerveau des enfants dès leur naissance pour en faire une masse de manœuvre docile... En quoi, d'ailleurs, une armée de clones serait-elle plus dangereuse qu'une armée de fanatiques élevés depuis l'enfance dans un idéal totalitaire ? Un clone sera toujours un homme avec sa liberté... Encadrer la transmission de l'acquis n'est pas moins efficace que de vouloir enrégimenter génétiquement l'inné ! Les gosses fanatisés que les Mollah envoyaient en avant-garde sur les champs de mine de la guerre Iran-Irak avec la promesse qu'une fois déchiquetés, ils entreraient sans formalité au paradis d'Allah, n'avaient guère besoin d'être clonés pour se comporter en robots !

Si le clonage reproductif venait donc à se réaliser, il resterait limité à la sphère privée et serait enrôlé au service d'une perspective à la fois eugéniste et narcissique. Comment imaginer, en effet, qu'une femme désireuse d'accoucher d'un clone ne choisisse pas le donneur avec le plus grand soin ? Soit elle-même (et j'imagine l'œdipe de la fille quand sa mère lui expliquera qu'elle et lui ne font qu'un), soit un être idéal à ses yeux – et nous retombons dans l'asservissement du clone au modèle que j'évoquais tout à l'heure ! N'excluons pas pour autant que cet « être idéal » – homme ou femme – partage la vie de la mère porteuse. C'est elle qui, en sus, devra régler un quasi-problème d'inceste avec sa conscience : partager son lit avec le clone de son enfant. La question, de fait, se poserait dans les mêmes conditions pour un homosexuel (homme ou femme) décidant d'adopter un enfant qui serait le clone de son ou sa partenaire...

Déjà, des établissements américains ont proposé à des Prix Nobel de déposer un peu de leur sperme pour féconder des femmes désireuses d'avoir des enfants géniaux. Alors pourquoi pas, bientôt, des banques de cellules somatiques proposant purement et simplement des clones de Prix Nobel ?

Et ne parlons pas des expérimentations collatérales, aussi dangereuses que les dégâts du même nom ! Il y a peu, un médecin américain a tenté

– en vain pour l'instant – de cloner un bébé mort en implantant des noyaux de ses cellules dans des ovocytes de vaches.

Nul doute que si cette expérience (ou une autre analogue) parvient à son terme, comme elle s'est déjà réalisée, nous l'avons vu, pour les animaux, l'enfant qui en résultera sera un être humain par son code génétique. Mais par son ADN mitochondrial, il aura quelque chose d'un bovin ! Comment se sentira ce petit minotaure parmi ses contemporains nés d'un père et d'une mère ? Et comment assumera-t-il, s'il lui vient l'envie de se perpétuer, d'avoir volontairement introduit des gènes de vache dans l'humanité future ?

Comme pour la création de chimères, la création de clones nous renvoie, une fois de plus, aux plus vieux mythes de l'humanité, celui notamment de l'autofécondation qui, pour partie, a donné naissance à notre monde suivant la théogonie d'Hésiode.

On oublie en effet que, dans la mythologie grecque, le monde lui-même procède d'un seul être primordial, et non de deux : Chaos, qui donnera naissance à Gaia (la terre) puis à Éros (l'amour).

Ce triptyque fondamental étant constitué, voici venir encore quatre naissances sans fécondation, autant dire des clones de leurs géniteurs : Erebe (l'obscurité) et Nyx (la nuit) issues de Chaos ; mais aussi Ouranos (le ciel) et Pontos (l'eau) nés de Gaia.

C'est seulement alors que commence l'ère de la fécondation classique, opérée par la rencontre fusionnelle du masculin et du féminin – en l'espèce Gaia et Ouranos, qui, bien qu'étant mère et fils, donneront ensemble naissance aux Titans, aux Cyclopes et aux Hécatonchires (les monstres aux cent bras) –, sans que prennent fin pour autant les générations spontanées !

Parmi les fécondations « classiques », citons Océan et Téthys donnant naissance aux Fleuves et aux Océanides ; Cronos et Rhéa faisant naître Déméter, Hestia, Héra, Hadès, Poséidon et Zeus ; ou encore Hypérion et Théia engendrant Séléné (la Lune), Hélios (le Soleil), et Éos (l'Aurore)...

Mais que de « clonages » encore, même après l'union originelle d'Ouranos et de Gaia ! Non seulement, nous l'avons dit, Ouranos engendrera seul Aphrodite, et Zeus, Athéna, mais Gaia se passera de partenaire pour donner naissance aux Géants et aux Érinyes (les déesses de la vengeance qui, dans le monde romain, deviendront les Furies), non sans s'être unie avec son fils Pontos pour créer Thaumas, Phorcys, Céto, Eurybia et Nérée...

Dans les grands textes grecs, la confusion du même et de l'autre est partout : quand elle n'est pas le fruit d'une naissance autogène, elle est l'œuvre des dieux, qui se plaisent à créer l'illusion pour piéger les hommes. Sans parler de Narcisse, amoureux de son reflet, le théâtre grec nous offre un bel exemple de cette omniprésence du clone dans l'imaginaire antique : la guerre de Troie, selon Euripide, n'aurait été provoquée que par une fausse Hélène, inventée par Héra pour piéger Pâris !

Dans la pièce du même nom, Hélène peut ainsi plaider non coupable : car ce n'est pas elle qui se serait laissé séduire et enlever par Pâris mais son clone (*eidôlon*, idole), façonné à son image pour prendre les hommes au piège de leur vanité !

En fait, plaide Euripide, Hermès a transporté la véritable Hélène en Égypte, à la cour de Protée, où elle aurait passé les dix années de la guerre, en attendant le retour de Ménélas, son mari bien-aimé !

Et que dire de la religion égyptienne et de ses « statues vivantes » capables de s'animer selon les rites magiques qu'on leur applique ! Comme l'écrit la philosophe Isabelle Rieusset-Lemarié, auteur d'un essai passionnant sur le clonage [1], nous sommes ici « au cœur de l'idéologie de clonage qui prétend qu'il suffit de reproduire un organisme vivant à l'identique pour lui conférer l'immortalité ».

---

1. *La Société des clones à l'ère de la reproduction multimédia,* Actes Sud, 1999.

Plus tard, c'est la littérature romaine, parcourue de fantômes, d'ombres ou de sosies, utilisés bien souvent dans l'unique objectif de tromper (qu'on songe seulement aux *Métamorphoses* d'Ovide !), qui va inscrire l'imaginaire du clone au plus profond de notre culture, relayée par la religion chrétienne. La Genèse, après tout, ne contient-elle pas le récit d'une duplication : Ève étant née de la côte d'Adam, la création d'un clone à partir d'une cellule somatique n'est pas loin ! Les Raëliens s'en souviendront quand ils prétendront avoir fait naître leur premier clone humain, baptisé du nom de la première femme...

Est-ce pour cela que le premier commandement du Décalogue proscrit, une fois Ève créée, toute reproduction à l'identique de ce qui vit ? « Tu ne feras aucune image sculptée, rien qui ressemble à ce qui est dans les cieux là-haut, ou sur la terre ici-bas, ou dans les eaux ou au-dessous de la terre. » Isabelle Rieusset-Lemarié remarque : « En tant qu'ils sont une reproduction, non seulement en trois dimensions, mais dotée d'une ressemblance parfaite jusqu'à s'y méprendre, les clones sembleraient donc relever de cette interdiction à un double titre. Le premier commandement du Décalogue peut se lire de ce point de vue comme un "Tu ne cloneras pas". » Et d'en conclure : « À la lettre, les clones virtuels et toute reproduction en trois dimensions de l'homme sont concernés au même titre que le clonage biologique. Toute reproduction technique à l'image de l'homme, y compris avec un matériau vivant, est interdite. Avant même que l'homme en ait la possibilité technique, le clonage biologique lui est interdit. C'est le droit moral de l'auteur sur son œuvre : toute reproduction interdite. »

Trois mille ans après le Décalogue, nous voici pourtant au seuil de la grande transgression, puisque, techniquement, nous l'avons dit, rien ne s'oppose plus, dans l'absolu, à ce que le clonage remplace, demain ou après-demain, la reproduction naturelle. À la limite, il n'y aurait plus besoin de père (ou de mère autre qu'un utérus de location !) pour avoir un enfant qui serait la pure réplique de sa mère ! À long terme, la généralisation de cette pratique pourrait même impliquer la fin de la reproduction sexuée, relativement récente, il est vrai, dans l'histoire du vivant...

Mais voici que s'ouvre en même temps un champ inexploré, et n'en doutons pas, plein de profit, pour tous les mauvais plaideurs qui vivent de la «judiciarisation», déjà bien entamée, de la vie quotidienne en général et de la médecine en particulier. Qui ne voit en effet que le clonage reproductif, dont la décision, par nature, échappe au clone, n'ouvre la voie à une nouvelle incrimination, celle de « trafic d'ADN » ?

Je m'explique. Quand un enfant naît par des voies classiques (parmi lesquelles je place, sans hésiter, la fécondation *in vitro* puisqu'elle procède d'un ovule et d'un spermatozoïde) il possède, *ipso facto*, un ADN qui lui est propre, un ADN « fusionnel » en quelque sorte. Mais tel ne sera pas le cas d'un enfant né par clonage, puisqu'on aura substitué à son ADN embryonnaire, celui de son modèle ! Il suffira alors que celui-ci plaide la spoliation de son patrimoine génétique pour avoir accès aux tribunaux, et, pourquoi pas, gain de cause ! Hier, l'arrêt Perruche avait esquissé un droit à ne pas voir le jour en cas de malformation provoquée par un mauvais diagnostic ; qui dit que, demain, la jurisprudence n'imposera pas un droit à disposer de l'intégralité de ses gènes ! Et comme les jurisprudences n'interviennent, par définition, qu'*a posteriori* des faits qu'elles encadrent, combien de clones seront nés avant que les tribunaux ne se saisissent de telles plaintes ?

Voilà pour les argument éthiques qui, au nom de la dignité de l'homme – sans parler des argument religieux, tournant peu ou prou autour de l'insulte faite à l'ordre divin –, s'opposent au clonage reproductif. Mais comme je l'ai dit et répété, rien ne sert de s'opposer à l'irréversible : on n'empêche valablement ce qu'on redoute qu'en proposant mieux ! Et de ce point de vue, la science nous offre des ressources inespérées, *via* l'autoréparation de nos organes défectueux par des cellules souches prélevées sur notre propre organisme.

Mais pour imposer cette solution qui, en elle-même, rendra inutile le clonage reproductif et les déviances qu'il suggère, nous ne pourrons éviter, quoi qu'il arrive, une transgression de taille : l'utilisation provisoire du clonage reproductif, ou à tout le moins de ses premières étapes....

Les Britanniques ne s'y sont pas trompés qui, dès juillet 2004, ont autorisé leurs chercheurs à cloner des embryons humains de moins de quatorze jours en vue de produire des cellules et bientôt des organes de rechange, à titre expérimental. Aussitôt, les mythes de Faust (la jeunesse éternelle) et de Frankenstein (l'homme recréé de toutes pièces) ont resurgi dans l'imaginaire collectif, de même que l'éternel soupçon d'irresponsabilité qui vient frapper les scientifiques lorsqu'ils obtiennent qu'une loi prenne simplement acte de leur savoir-faire. Les premiers résultats de ce clonage thérapeutique ont été annoncés en mai 2005.

Grand contempteur de ce qu'il nomme la « dérive scientiste », un homme aussi respectable que Dominique Folscheid, professeur d'éthique médicale et hospitalière de l'université de Marne-la-Vallée, n'hésite pas, ainsi, à affirmer que « beaucoup de chercheurs ne se demandent plus s'ils respectent une éthique, mais si ce qu'ils font est licite ou non ».

En 1835, déjà, à l'annonce de l'ouverture des premières lignes de chemin de fer, les membres de l'académie de médecine de Lyon se demandaient solennellement si les ingénieurs ferroviaires n'étaient pas tout bonnement des fous : « N'avons-nous pas des moyens bien plus sûrs et naturels de nous déplacer ? écrivaient-ils au roi Louis-Philippe. Ne risquerons-nous pas des atteintes à la rétine et des troubles de la respiration à grande vitesse ; les femmes enceintes ballottées ne vont-elles pas faire de fausses couches ? »

Cent soixante-dix ans plus tard, rien n'a changé : au moment précis où l'Autorité de régulation de la bioéthique humaine britannique reconnaissait la recherche sur l'embryon comme « indispensable à la science dans l'étude et le traitement des maladies incurables », la France l'interdisait solennellement... sous peine de sept ans de prison et 100 000 euros d'amende !

Seule possibilité laissée aux chercheurs français : le droit d'utiliser, « à titre dérogatoire » et jusqu'en

2009 seulement, les 100 000 embryons congelés sur-numéraires, issus de fécondations *in vitro*. L'ennui est que si certains sont devenus « surnuméraires », c'est précisément parce qu'on ne les a pas utilisés, la plupart du temps parce qu'ils se sont développés anormalement, ce qui a empêché leur transfert dans un utérus... C'est dire que tous ne sont pas aptes à la recherche, encore moins à l'obtention de cellules souches.

Plus que jamais donc, la recherche a besoin, pour progresser, de travailler sur des embryons spécialement créés pour elle, et ce, afin de percer l'ultime mystère de l'embryogenèse : nous sommes encore hors d'état d'expliquer comment une cellule passe de son état primordial, indifférencié, à son état ultérieur de cellule spécialisée ; comment, par conséquent, se forment le foie, le pancréas, les os, le sang à partir de cette cellule souche...

Afin de déclencher le signal nécessaire à la pro-duction d'un organe, il est donc plus que jamais vital de travailler en amont sur l'embryon. Pour mieux se passer, ensuite, de son utilisation. Une fois cette difficulté résolue, toute la palette de l'immu-nologie pourrait ainsi être réunie dans une banque d'organes. La banque de ses propres organes ! Une solution miraculeuse quand on connaît le manque actuel de dons. Rappelons qu'en 2004, plus de six mille personnes en France avaient besoin d'une greffe et que deux cent cinquante sont mortes dans l'attente d'une transplantation. Plus besoin, dès lors, de files d'attente, encore moins de traitements anti-rejets : le futur greffé des reins disposera de son rein de rechange, celui du foie d'un foie dupliqué, etc.

Mais là ne s'arrête pas le miracle annoncé du clonage thérapeutique. Au-delà des services rendus par les cellules embryonnaires, nous sommes désormais certains que la plupart des organes adultes sont eux aussi des réservoirs potentiels de cellules souches ! De là à prélever une cellule indifférenciée – de peau par exemple – directement sur le malade, pour la faire repartir vers la fonction souhaitée, il n'y a donc qu'un pas. Encore faut-il les identifier, puis apprendre à les stimuler, pour qu'elles retrouvent la voie de la multiplication et fabriquent tout ou partie de nous-mêmes.

Dans la moelle osseuse, par exemple, résident des cellules souches sanguines qui permettent à des milliards de globules rouges et de globules blancs (lymphocytes, macrophages...) de se régénérer tout au long de la vie. Des cellules souches pluripotentes analogues ont été également retrouvées dans des régions bien définies du système nerveux. Elles régénèrent certains neurones et certaines cellules gliales (qui nourrissent et soutiennent les neurones) et il est clairement montré que si l'on place ces cellules dans la moelle osseuse, elles donnent des cellules sanguines ! De même, si elles se retrouvent dans le muscle, elles se transforment en cellules musculaires. Ces cellules souches sont donc très plastiques et presque aussi totipotentes que des cellules souches embryonnaires.

Le type cellulaire que l'on peut obtenir dépend donc de l'environnement où l'on place ces cellules et, par la suite, des signaux moléculaires qu'elles reçoivent de leurs voisines. L'idée est donc venue de placer des cellules souches à l'endroit où, par exemple, un nerf a été sectionné. Des expériences ont montré chez le rat que, dans ce cas précis, les cellules souches sont capables de se différencier en neurones et de restaurer partiellement certaines fonctions ! *Idem* pour un muscle cardiaque endommagé par un infarctus. Mais aussi pour le pancréas déficient d'un diabétique.

Cette découverte pose un problème, non plus éthique (car dès lors que la cellule nous appartient en propre, la question du donneur extrinsèque disparaît), mais presque religieux : nous aurions en nous-mêmes la capacité de nous répliquer !

Et si la cellule souche, alors, n'était autre que notre ange gardien ? Ainsi chaque individu aurait en son propre corps d'autres hommes potentiels – ou plus exactement du matériel embryonnaire capable de se différencier en ce que l'on veut, comme autant de pièces de rechange – qui n'attendraient qu'un mot pour s'élancer vers sa propre réplication. Quelle aide formidable ! Mon cœur flanche, voici que mon ange gardien cellulaire peut se mettre à toute vitesse au travail pour me refaire un cœur neuf.

La sagesse hindoue prétend que chaque homme est accompagné, dans la « sphère astrale », de ses répliques identiques, ses avatars qui veillent sur lui et, au besoin, viennent au secours de ceux qui savent les invoquer. La réalité, une fois de plus, ne rejoint-elle pas les mythes les plus anciens, qui eux-mêmes ne sont rien d'autre qu'une préfiguration de la connaissance scientifique ?

Hic et nunc, en tout cas, l'avantage des cellules souches prélevées sur un organisme adulte serait, et j'ose le dire, *sera* considérable : une totale compatibilité avec l'organisme du receveur. Une auto-réparation par autofabrication de nos organes défectueux !

Comment ne pas voir, alors, dans les progrès du clonage thérapeutique, une avancée scientifique phénoménale ? Le meilleur moyen, peut-être, de combattre, demain, toutes les maladies ? En injectant au malade des cellules du muscle cardiaque, on combattrait les infarctus ou encore les insuffisances cardiaques ; avec des cellules nerveuses, on lutterait contre Parkinson et Alzheimer, maladies qui touchent respectivement 100 000 et 435 000 Français. Une équipe américaine vient d'ailleurs, pour la première fois, de créer à partir de cellules d'embryons des neurones humains capables de sécréter de la dopamine, molécule qui fait défaut dans la maladie de Parkinson. Reste à savoir, bien sûr, jusqu'où les cellules nerveuses peuvent être utilisées sans modifier la personnalité du patient...

Sans attendre les progrès que nous promet le prélèvement de cellules souches dans un organisme adulte, les Britanniques parient sur l'alliance de l'informatique et de la génétique pour créer des banques d'organes immédiatement disponibles, grâce au «permis de recherche» qui leur a été donné sur les embryons. Ils se disent prêts, d'ici à quelques années, à produire de la peau, des cœurs, des reins ou des foies. Des banques de tissus pourraient même être constituées pour soigner certaines pathologies. Et les plus ambitieux envisagent même de produire... des membres entiers *in vitro* !

En attendant, il suffira à ces banquiers de la santé de prélever quelques cellules fœtales avant le quatorzième jour d'existence, puis d'attendre qu'une demande de greffe se manifeste, pour les laisser s'élancer vers la différenciation souhaitée.

Certes, il faudra du temps pour qu'une telle banque d'organes puisse venir en aide à tous ceux qui, aujourd'hui, attendent désespérément un don, venu le plus souvent d'un homme ou d'une femme valides, victimes d'un accident. Toutes les cellules stockées en laboratoire ne seront pas génétiquement compatibles, loin s'en faut.

Mais plus l'échantillonnage sera grand, plus le client aura de chances de trouver l'organe qui lui convient. Plus d'obstacle administratif, plus d'autorisation à attendre pour prélever l'organe sain du donneur : il suffira d'étudier le code barres génétique du client et de rechercher dans l'ordinateur central le code barres de l'organe qui sera le plus proche possible de ses besoins.

Verrons-nous un jour des sociétés faire fortune dans le commerce d'organes neufs ? « Venez chez nous, notre gamme de produits est immense ! Votre code barres y trouvera forcément l'âme sœur ; un foie, un cœur, un rein, vous pouvez être assuré de leur comptabilité. » Bref, satisfaits ou remboursés !

Autre exemple : en administrant des cellules produisant de l'insuline, ce serait la fin du diabète. Pour les cancers ou les maladies sanguines génétiques, il « suffirait » de créer des cellules sanguines ; pour les hépatites et les cirrhoses, des cellules du foie ; pour les brûlures, des cellules de peau. Et même les yeux sont concernés : si un individu souffre de dégénérescence maculaire ou de cécité, des cellules rétiniennes pourraient lui être injectées. De vraies « cellules-médicaments », reproductibles à l'infini !

Parallèlement, les progrès ne s'arrêteront pas en matière d'organes artificiels, ceux-ci devenant même de plus en plus utiles. Nombre d'expériences ont déjà eu lieu, qui suscitent de véritables espoirs. Imaginons, par exemple, un homme présentant de graves troubles hépatiques et disposant, en réserve, de cellules souches intactes. En attendant que celles-ci, gardées au congélateur, repartent vers la vie en se spécialisant en tissu hépatique, il faudra bien compter plusieurs mois : un foie artificiel pourra, alors, prendre le relais du foie défectueux (surtout s'il s'agit d'un cancer et que celui-ci risque de métastaser) en attendant qu'un foie tout neuf, intégralement compatible, vienne prendre le relais.

D'un point de vue éthique, nul ne pourra invoquer d'interdit majeur, l'homme étant propriétaire de son propre corps, donc de ses cellules clonées. On pourrait parfaitement imaginer qu'elles restent la propriété des parents jusqu'à la majorité légale de leurs enfants, ceux-ci décidant, une fois juridiquement responsables, s'ils décident ou non de garder en culture leurs cellules clonées...

Greffes de donneurs décédés, greffes d'animaux spécialement cultivés, greffes issues de clones et plus particulièrement de son propre clonage, effectué dès la conception : quel chemin parcouru en quelques années seulement ! Le portrait de Chris Barnard, pionnier de la première greffe cardiaque, en 1969, va bientôt rejoindre, dans les musées, celui des chirurgiens de la Renaissance...

Le paradoxe d'aujourd'hui, c'est que face à cette amélioration continue de la condition humaine, les peurs qu'engendre la connaissance n'ont pas reculé. Mieux : la baisse de la pratique religieuse et la montée d'un scepticisme généralisé n'ont fait que déplacer la censure sur le terrain législatif et politique. De ce point de vue, assurément, les scientistes du début du XXe siècle, tel Auguste Comte, se sont trompés : jamais l'opinion ne s'est montrée aussi partagée face aux avancées de la science !

Déboussolées par des découvertes qui modifient la conception même du vivant, les sociétés contemporaines oscillent entre la tentation de faire sauter toutes les barrières traditionnelles – hédonisme exacerbé, montée des communautarismes sexuels, perte de vue de l'intérêt général au profit de droits reconnus en fonction de l'appartenance à un clan – et celle de faire surgir de nouveaux interdits, non plus fondée sur une morale mais sur la peur que fait naître le refus non assumé de cette morale.

Les mêmes qui acceptent l'interruption de grossesse jusqu'à la douzième semaine (voire jusqu'à la vingt-deuxième dans certains pays) au nom de la liberté de la femme, crient au scandale lorsqu'on propose de cloner, à des fins thérapeutiques, des cellules d'embryons surnuméraires qui n'ont que quelques heures ! Est-ce donc bien raisonnable de désacraliser l'embryon dans le ventre de sa mère pour mieux le sanctuariser, sous forme d'un amas cellulaire, dans une éprouvette ?

La vérité, c'est que la science n'a jamais progressé autrement qu'en contournant les interdits. Mais symétriquement, en faisant la preuve de sa légitimité sociale, qui consiste à améliorer la condition humaine. À cette aune, absolument essentielle, point n'est besoin d'une loi pour condamner les sectes qui prétendent instrumentaliser le clonage reproductif au service de leur mystique, ni les chercheurs qui, assoiffés de prestige et de reconnaissance, seraient tentés de créer des monstres pour démontrer leur maîtrise du vivant . le Code pénal est là, de même que la Déclaration universelle des droits de l'homme qui proscrit tout « traitement inhumain ou dégradant » et enjoint chacun à agir « envers les autres dans un esprit de fraternité ».

Outre le serment d'Hippocrate qui, depuis 2 500 ans, régit l'éthique médicale (« J'exercerai mon art dans le respect des lois... J'écarterai des patients tout ce qui peut leur être contraire ou nuisible »), les médecins sont soumis au Code de Nuremberg (1947) né de la prise de conscience toute fraîche des atrocités nazies : « L'expérience, dit le Code, doit avoir des résultats pratiques pour le bien de la société impossibles à obtenir par d'autres moyens : elle ne doit pas être pratiquée au hasard et sans nécessité. »

En dehors d'une poignée d'illuminés, vite repérés, et dont on peut penser qu'ils seraient punis comme ils le méritent, qui donc aurait intérêt à transformer le clonage en activité criminelle ? À tant faire d'agiter des fantasmes, certains se rendent-ils compte qu'ils travaillent au discrédit de la recherche ? Criminaliser, en plein XXIe siècle, les recherches sur le clonage thérapeutique m'apparaît aussi stupide que de s'opposer, au début du XXe, à la généralisation du vaccin. D'abord parce que, sans recherche sur l'embryon, je ne le répéterai jamais assez, nous ne serons pas en mesure, demain, de maîtriser l'autoreproduction de nos propres cellules souches ; ensuite parce qu'il est contradictoire, et pour tout dire malhonnête, de favoriser le don d'organes et d'interdire à ceux qui en auraient le plus besoin, de recourir au gisement cellulaire que constituent des centaines de milliers d'embryons « surnuméraires » congelés.

Que faut-il, aujourd'hui, pour sauver, par une greffe, la vie d'un malade dont le foie ou les reins sont gravement atteints ? Rien de plus qu'un donneur, autrement dit, parfois... l'impossible. Attendre la mort d'un jeune homme ou d'une jeune femme dans la force de l'âge et dont l'organe sera compatible avec son organisme : voici le quotidien de milliers de malades dont beaucoup savent qu'ils disparaîtront sans avoir eu la chance de profiter de la malchance d'un autre. Cet autre dont le corps n'avait plus d'avenir sur cette terre, hors celui de sauver la vie d'un inconnu...

Regardons maintenant ce qui se passe pour les embryons « congelés ». N'ayant pas été utilisés pour assurer une descendance aux couples dont ils sont issus, ils sont, nous l'avons dit, près de 100 000 par an à s'entasser dans les congélateurs de nos laboratoires et de nos instituts de recherche. Sans doute cette image en choquera-t-elle certains, mais elle correspond à une réalité : ces petits d'hommes en puissance n'ont pas plus d'avenir sur terre que les accidentés de la circulation auxquels on prélèvera un rein, un cœur, ou un foie. Et pourtant, la loi interdit formellement qu'on les utilise pour la recherche médicale, fût-ce à très court terme, pour sauver des vies...

Quelle différence, pourtant, entre cet amas cellulaire destiné à être détruit et l'accidenté qui vient de mourir ? Aucune, si ce n'est que, contrairement au premier, le second sera, lui, éventuellement autorisé à sauver une vie ! Il est grand temps, décidément, de réfléchir à l'avenir de l'homme autrement qu'en jonglant avec des dogmes et des principes. Mais en tentant, très simplement, et très modestement, de se rapprocher de sa souffrance.

Le choix de l'homme

Et si Pasteur le croyant avait eu raison contre Auguste Comte l'agnostique ? Tous deux promoteurs (et avec quelle ferveur !) d'une révolution scientifique affranchissant l'Homme des frontières dogmatiques qui, si longtemps, avaient freiné les progrès de la médecine, les deux hommes s'étaient séparés, sur le tard, quant aux conclusions à tirer des progrès fulgurants de la connaissance ayant ponctué leur siècle.

Pour Comte, fondateur de l'école positiviste et scientiste, l'histoire de l'humanité pouvait se résumer à la succession de « trois états » : « l'état théologique » (caractérisé par l'explication surnaturelle du vivant sous toutes ses formes) ; « l'état métaphysique » (son explication à partir d'abstractions transcendantales, impossibles par définition, à vérifier) puis « l'état positif » dans lequel la société commence à s'organiser autour de l'observation scientifique, et d'elle seulement.

Après avoir longtemps défendu cette vision des choses, Pasteur avait rompu avec elle à l'occasion de son discours de réception à l'Académie française (1882) où, prenant ses distances avec l'utopie positiviste, il avait évoqué « le mystère qui enveloppe l'univers » et plaidé pour une vision du monde plus complexe, seule capable à ses yeux d'éviter qu'aux excès du scientisme, ne réponde tôt ou tard une réaction néo-obscurantiste nuisible à la liberté de recherche...

Plus de cent ans plus tard, comment ne pas lui donner raison, et même au-delà ? Non seulement le recul des religions et la montée d'un scepticisme généralisé n'ont pas fait reculer l'ignorance comme l'espérait Auguste Comte, mais le désarroi provoqué par les progrès vertigineux réalisés dans la connaissance du vivant suscite, dans nos sociétés, deux tentations contradictoires : celle de faire sauter toutes les barrières de l'intérêt général au nom d'un égoïsme exacerbé (le fameux « droit à », que certains n'hésitent pas à décliner tous azimuts, le droit pour l'individu de se cloner lui-même par exemple), et la tentation inverse, tout aussi dangereuse, de faire surgir de nouveaux interdits, non plus seulement fondés sur une morale religieuse mais sur la peur de l'inconnu...

Aux nouveaux scientistes qui rêvent d'embrigader la science au service d'une liberté absolue, il importe de rappeler le mot de Pascal : « L'homme passe infiniment l'homme »... Oui, l'homme est un projet livré à lui-même, une liberté en marche, certes, mais tout le contraire d'une liberté absolue, puisque participant au mystère de l'humanité et tributaire de la société qui le conditionne autant qu'il la façonne. L'homme, dit la sagesse antique, est la mesure de toute chose : il doit se servir de la science pour améliorer sa condition, non pour remodeler la société au gré de ses caprices.

Pense-t-on, par exemple, améliorer la condition humaine en permettant aux couples homosexuels d'utiliser le clonage pour avoir une descendance d'un des deux partenaires ? Autant je suis favorable, et je l'ai dit, à la généralisation du clonage thérapeutique pour sauver des milliers d'existences, autant j'estime dangereux de se servir du clonage reproductif pour casser la longue chaîne de la vie qui offre à chacun d'entre nous une parcelle d'éternité.

Il suffit de constater l'importance croissante qu'assignent nos contemporains à la généalogie, pour saisir combien la conscience de ses racines est inséparable d'une libre construction de son avenir. Être une partie d'un tout, n'est-ce pas un droit aussi inaliénable que ceux inhérents à la protection de la vie privée ?

On voit bien le succès de la récente loi relative aux enfants « nés sous X » : avant qu'on ne les autorise à connaître leur véritable identité, beaucoup intentaient des procès à l'État pour qu'on leur donne enfin la possibilité de se construire ou de se reconstruire une identité.

Que deviendraient, dans cette perspective, des enfants clonés ? Comment à l'adolescence aborderont-ils leur personnalité ? Quel rapport entretiendront-ils avec leur passé ? Avoir un enfant, nous le savons bien, ce n'est pas uniquement l'élever, le nourrir et l'éduquer, c'est infiniment plus que cela : c'est lui transmettre le mystère de la vie, lui passer, aussi, le relais pour les générations futures dont il est le commencement et le recommencement. Toutes les religions, toutes les traditions, honorent leurs ancêtres et fêtent les naissances. Avons-nous le droit, parce que la science le permet, de créer des « organismes socialement modifiés » qui se sentiraient exclus par le plus grand nombre ?

Mais à ceux qui rêvent, au contraire, de soumettre la science à une nouvelle Inquisition – et le mot n'est pas trop fort quand j'entends certains comités d'éthique autoproclamés frapper d'interdit certaines recherches dont ils ne saisissent pas un traître mot, ceci expliquant sans doute cela – j'aimerais rappeler cette vérité élémentaire, que je ne me lasse pas de répéter : la science n'est pas une morale ! La science existe, progresse, s'impose. Un point c'est tout. Elle est, comme aurait dit Kant, une « chose en soi » *(Ding an sich)*, dont la connaissance progresse avec la conscience mais recule en même temps que l'horizon. Un peu comme la réalité platonicienne, dissimulée aux hommes prisonniers de la caverne qui ne discernent d'elle que des ombres portées, incomplètes ou déformées. Refuser la réalité scientifique est aussi stupide que de vouloir la maîtriser : elle s'exerce et l'homme ne peut que s'y adapter. La liberté vraie, enseigne Spinoza, n'est rien d'autre que la « connaissance de la nécessité » – littéralement : de ce qui ne peut pas ne pas être – en vertu de quoi l'homme est libre en prenant conscience de ses limites. En refusant symétriquement les vertiges prométhéens de la toute-puissance et l'arbitraire des dogmes. Voici deux mille ans, Épictète résumait déjà : « Être libre, c'est vouloir que les choses arrivent, non comme il te plaît, mais comme elles arrivent. »

Croit-on qu'on empêchera longtemps la recherche de progresser par des lois et des règlements ? Qu'on le veuille ou non, la généralisation du clonage thérapeutique sera le progrès médical majeur de ce début du XXIe siècle, un acquis aussi essentiel que la conquête spatiale.

Les années qui viennent seront assurément celles de toutes les transgressions scientifiques et médicales. À nous, donc, de leur donner un sens, plutôt que d'en refuser l'augure ; à nous de travailler à les mettre, encore et toujours, au service du plus grand nombre.

Inclure et non exclure : voilà bien le seul défi qui vaille d'être relevé, la seule morale, aussi, qui puisse encadrer nos transgressions présentes et à venir. À l'échelle de l'individu, d'abord, mais aussi à l'échelle de la planète, dont nous oublions trop souvent qu'une partie vit à des années-lumière de ce qui constitue notre quotidien.

S'agissant de l'individu, l'enjeu de la révolution génétique n'est pas mince : il doit inscrire l'eugénisme d'évitement dans le cadre d'une double liberté, celle de choisir et celle de subir. Accueillir la vie quelle qu'elle soit, faire en sorte que les parents puissent aimer tout autant l'enfant qu'un tri d'embryons aura sauvé d'un handicap que l'enfant trisomique assumé et désiré comme tel, n'est-ce pas faire, en toutes circonstances, le choix de l'homme et de sa dignité ?

L'eugénisme de liberté ne s'imposera vraiment que lorsque l'enfant rendu « normal » par une thérapie génique sera aussi naturellement accepté que l'enfant normal de naissance. Quand la société accueillera avec autant de bonheur l'enfant sauvé du handicap que l'enfant handicapé.

Mais n'oublions pas pour autant la dimension universelle de nos découvertes. Pendant qu'en Europe, nous glosons tranquillement sur les moyens de créer, dans un avenir proche, des banques d'organes fournissant à chaque patient, un choix d'organes de substitution issus de ses propres cellules souches, et tandis qu'aux États-Unis, on vous propose de cloner votre animal favori pour 50 000 dollars, des milliers d'enfants africains meurent chaque jour des mêmes pathologies que nos ancêtres du Moyen Âge : paludisme et dysenterie, rougeole et choléra.

En Occident, aujourd'hui, l'espérance de vie moyenne dépasse soixante-quinze ans pour les hommes, et quatre-vingt-quatre pour les femmes. Les centenaires sont de plus en plus nombreux, et dans un état physique de plus en plus satisfaisant. Les gérontologues, quant à eux, estiment possible de faire durer la vie humaine jusqu'à... 150 ans, et sans manipulation génétique. Pour étayer ce pronostic, certains chercheurs ont établi que les fonctions cérébrales avaient la vie longue : si les facultés gustatives et la vitesse d'écriture s'estompent vers quatre-vingt-dix-huit ans, la vitesse de conduction nerveuse peut durer, en théorie, jusqu'à l'âge de... 358 ans !

Déjà, certains spécialistes de biologie cellulaire annoncent avoir trouvé « le gène de la vie éternelle » (*dixit* la revue *Science*, qu'on a connue moins lapidaire !) ou plus exactement un gène qui modulerait la longueur de l'existence. Identifié en 1998 et provisoirement baptisé MORF 4, ce gène serait capable de rendre immortel, non pas l'organisme, mais les cellules en culture dans lesquelles il a été introduit. Il serait l'un des premiers gènes spécifiquement lié au processus de pérennité.

Croit-on sérieusement, cependant, que ces études qui nous passionnent... passionnent aussi l'Afrique ? En Sierra Leone, on se moque bien d'attendre 120 ans. L'espérance de vie moyenne n'atteint pas 28 ans...

Si la science, comme je l'ai dit, n'est pas une morale, et si rien, jamais, ne dissuadera la recherche de progresser, au moins reste-t-il l'éthique pour donner un sens aux progrès scientifiques. Et la voie de l'éthique nous est toute tracée : non point renoncer au progrès puisque nous savons bien que c'est impossible (« rendre malade un homme en bonne santé, disait mon père, hostile à tous les malthusianismes, n'a jamais guéri un autre malade ») mais canaliser ce progrès en faisant partager aux plus pauvres le formidable potentiel que recèlent nos découvertes. Voici le seul choix possible face aux révolutions qui s'annoncent. Un choix fondé sur le refus de l'égoïsme. Le choix de l'homme, encore et toujours.

Table

Mise en pages par DV Arts Graphiques à Chartres
Imprimé en France par la Société Nouvelle Firmin-Didot.
Dépôt légal : octobre 2005
N° d'édition : 475 - N° d'impression : 76619
ISBN : 2-74910-475-0